大変革社会とリスク

試される日本の本気度と保険による自助

石井 隆

保険毎日新聞社

目　次

第2章　　**一変する産業構造**　　　　　　　　35

第3章　余裕が消えた国家財政　　67

第4章　急速に重大化するサイバーリスク　93

第7章　持続可能な社会の実現に向けて　　201

序　章

予期しない出来事

1　社会を変える 2 つの大きな出来事

　予期していないこと、想定外の出来事が起こらなくなる日は訪れない。本書執筆中であり、参議院選挙の最中の 2022 年 7 月 8 日に銃のないはずの日本で、安倍晋三元首相が奈良での選挙応援演説中に銃撃されて命を落とした。長期にわたった経済スランプをアベノミクスによって終止符を打ち、開かれたインド太平洋構想を提唱して世界から尊敬を集めた傑出した政治家を突然失った。痛恨の極みである。

　他にも 2 つの想定外の大きな出来事が起こっている。そして、2 つの出来事は今後の世界に大きな影響を与えようとしている。

　新型コロナウイルスが世界的なパンデミックを引き起こし、6 億人が感染し 650 万人の死者を出し、世界経済を 2 年以上にわたって麻痺・混乱させてしまう事態を誰が想像していたであろうか（WHO、ジョンズ・ホプキンス大学調査、2022 年 9 月 1 日現在）。パンデミックがブラックスワンであることを理論的には理解しつつも映画の世界のことと高を括っていた人々に対して痛烈な一撃となった。

　誰もが想定していなかった最近のもう 1 つの大きな出来事が、ロシアのウクライナへの軍事侵攻である。アメリカの原子力科学者会報（Bulletin of the Atomic Scientists）は、毎年終末時計の残り時間を更新しており、2022 年は 1 月 22 日に「残り時間 100 秒」に更新している。核戦争のリスクとして、イランの濃縮ウランの備蓄、アメリカ・ロシア・中国の軍備近代化競争、アメリカと北朝鮮間の協議停滞が挙げられていたが、ロシアのウクライナへの軍事侵攻とそれに伴う核戦争リスクは想定されていなかった。

　2 つの出来事の本質的問題は、一時的な困難、惨事に止まらず、世界の社会全体を一変させてしまったことである。

　新型コロナパンデミックは、これまでの産業構造を根底から変えようとし

ている。世界で2年以上に及んだ断続的な移動制限は、経済活動の低下を招いただけでなく、産業構造のデジタル化とデジタル社会への移行を一気に進めた。また、投資リスクや労働市場の事情など考慮しつつ計画的に進められるはずであったIoT（Internet on Things、モノのインターネット）およびAI（人工知能）の導入による生産現場の無人化、リモート操作、輸送・運送手段の無人化、リモートワークの導入、対面販売からネット販売への移行、キャッシュレスの支払いなど、産業構造の転換は一気に針が振り切れるまで進められることになった。

　新型コロナパンデミックによるもう1つの衝撃は、グローバルサプライチェーンの脆弱性が暴かれたことである。1990年代初頭の東西冷戦構造の終焉以降、世界全体が民主主義と自由（市場）経済に収れんすることを前提に、ITの普及の波に乗って急速に進展したグローバリゼーションは、効率性を追い求めたグローバルな分業の行き過ぎと工業製品・部品の特定国・地域への過度な依存を招いてしまった。アメリカと中国の間の貿易不均衡問題は、2017年1月にドナルド・トランプが第45代アメリカ合衆国大統領に就任すると貿易戦争に発展し、新型コロナパンデミックによる中国の主要都市のロックダウンによってグローバルサプライチェーンがたびたび寸断され、価格競争力に偏重した現在のサプライチェーンの問題点が露になった。

　また、IT関連の先端技術の流出と中国製品の使用によるアメリカおよび西側諸国の安全保障への影響が問題となった。ロシアのウクライナ侵攻に対して、NATO加盟国の多くがウクライナに武器を供与し日本を含む西側諸国がロシアとベラルーシに対して厳しい経済制裁・金融制裁を科したのに対して、中国はロシアを擁護した。これによって、西側諸国と中国および「一帯一路」経済圏構想に参加した諸国、ロシアなどの反米諸国との政治的・経済的対立は決定的になった。西側諸国は、先端通信技術・機器に関する脱中国依存、一般工業製品の過度な中国依存の見通しを進め、グローバルサプライチェーンは再構築に向かっている。

2 デジタル社会と新たな重大なリスク

　デジタル社会の到来によって通信技術の重要性が高まった。通信技術は安全保障とも密接に結び付いていることから、最先端通信技術は後述するグリーンエネルギー技術と共にグローバル経済における優位性を決定付ける最重要技術となっている。

　デジタル社会は利便性の高い社会であるが、手放しで進められる問題ではない。デジタル社会ではすべてのヒトとモノがインターネットによって連結されており、ネット社会以前には存在しなかったサイバー空間リスクが重大リスクとなって出現してきている。中でも深刻な問題は、違法であるサイバー攻撃がビジネスになり、企業や個人、政府機関を標的にして攻撃を仕掛ける社会になってしまったことである。また、攻撃の過激性は、コンピュータシステムを人質にして最大限の金銭を得ることを目的としており容赦はない。サイバー空間にも泥棒や強盗、テロリストが公然と出てきたということであり、リスクの重大化が続いている。

　多くの企業が利用する大規模なクラウドシステムがサイバー攻撃を受け、個人および企業の機密情報の漏洩、データの喪失・書換え、あるいはコンピュータがダウンした場合、世界経済に重大な影響が及ぶ事態に至ることが想定される。また、政府機関への攻撃は、安全保障を脅かし、行政サービスを麻痺させて社会を混乱に陥れることを目的としている。サイバー攻撃に政府機関が関与しているケースもあり、攻撃技術が高度化している。そのため、政府・行政機関、個人や企業は、常にサイバーセキュリティを万全にしておく必要がある。

　なお、本書では詳細には触れないが、政治的目的による暴力行為であるテロリスクの想定と備えも重要である。

　イギリスは 1990 年代半ばまで長らく IRA のテロに悩まされた歴史があり、アメリカでは 2001 年の同時多発テロが起きている。同時多発テロで

は、ハイジャックされた旅客機がニューヨークの世界貿易センタービル（WTC）のツインタワーに激突し、3,000 人以上が犠牲になっている。日本でも日本赤軍が 1970 年代から 1980 年代にかけて国内外でテロ事件を起こし、オウム真理教による地下鉄サリン事件（1995 年）が起こっており、テロは現実のリスクである。エネルギー、食料、水資源などの限られた資源の奪い合いによって地政学リスクの上昇が予想されている。日本では意識が薄いが、サイバー攻撃同様にテロリスクについても備えていく必要がある。

3　気候変動の波及とグリーンエネルギー開発

　パンデミック、サイバー攻撃などの重大リスクをも大きく上回り、大国間の大規模核戦争リスクと同レベル、あるいはそれをも超える最大のリスクが地球温暖化に伴う気候変動リスクである。

　地球温暖化は、産業革命以降の二酸化炭素を中心とした温室効果ガスの排出によって進行しているとされるが、1990年代後半になるまで世界的に大きな関心を集めることはなかった。取組みの開始が遅きに失した感は否めないが、2015年にようやく気温上昇を1.5℃、最大でも2℃までに抑えるための国際的努力目標が「パリ協定」として締結された。しかしながら、目標が達成されるとしても今後も気候変動と気象災害の激化傾向は止まらない。

　気候変動リスクの重大性は、地球環境および生態系の破壊だけではなく、他にもさまざまな問題を引き起こす。エネルギー問題、食料問題、南北問題、海水面上昇と土地の浸食、国境の変更、移民の発生、水資源を巡る紛争、戦争への発展など、あらゆるリスクに波及する。問題の解決には世界の一致した大掛かりな行動が必要になり、方法と効果の迅速な検証にはデジタル社会の叡智をつぎ込む必要がある。

　経済面からみた場合、地球温暖化と気候変動の最大の要因となっている化石エネルギーをグリーンエネルギーによって代替する技術開発で先駆ける国がグローバルサプライチェーンの再構築において主導権を握るといっても過言ではない。

　気象災害も地球温暖化によって激化する。避難誘導システムの発達によって人命に対するリスクの増大は回避できるとしても、経済損害の増大化を食い止めることは容易ではない。

　2005年のアメリカのハリケーン・カトリーナ、2011年のタイ洪水、2017年にアメリカを襲った3つの巨大ハリケーン、2018年のカリフォルニアの山火事（キャンプファイアーと呼ばれる）、さらには、近年の日本列島を襲っ

た大型の台風や豪雨も気象災害の激化傾向によって大型化した災害とされ、物理的被害と共に長期間の経済活動の中断によってグローバルサプライチェーンに大きな影響が及んでいる。

　産業構造とグローバルサプライチェーンは全面的仕切り直しになり、サイバーリスクが重大な脅威に増長していく。自然災害リスクとして、日本では首都直下地震や南海トラフ地震などの巨大地震、火山噴火リスクに対する対応力の強化が叫ばれているが、気候変動と気象災害の激化の進行にも備えていかなければならない。

4 社会の大変革と日本の挑戦

　日本は、第二次世界大戦によって焦土となった国土を再建し、災害や事故、経済危機を乗り越えて今日の経済的繁栄を作り上げてきた。ただし、戦後の高度経済成長期には大型の自然災害の発生が少なく、幸運であったことは否めない。また、1980年代末までは高度経済成長によって政府財政には余裕があったことから、公助は社会に備わった機能として認識され、政府もそうしてきた。

　ところが、1990年代初頭に不動産・株バブルが崩壊し、「失われた30年」と呼ばれる長期の経済スランプに見舞われる。2000年代後半に一時期景気浮揚の兆しがみえたが、2008年秋のリーマンショックが起きて経済スランプはさらに長期化してしまった。アベノミクス効果によって2020年頃までにデフレ問題は解決したが、およそ30年にわたって経済成長が止まって税収が伸びない中で少子高齢化が進展し、社会福祉関連支出が大幅に増大して財政赤字が膨らんでいった。

　しばらく平穏だった日本列島は、バブル経済の崩壊と時を同じくして大型の自然災害の発生が増加し始めている。1991年の台風19号（リンゴ台風）、1995年の阪神・淡路大震災、2004年の新潟県中越地震、2011年の東日本大震災、2016年の熊本地震、2018年の台風21号、2019年の台風15号・台風19号など、日本列島は騒がしくなってきた。また、東日本大震災をはじめとした大規模自然災害や経済危機に際して、日本政府は災害復興や景気浮揚策などで次々に高額の財政支出を余儀なくされた。

　追い打ちをかけるように新型コロナパンデミックが起こり、政府はさらなる巨額の財政出動を行い、債務残高（GDP対比）は2021年度末で256.9%に達した。日本が財政破綻危機にあるとはいわないが、今後の不測の事態にこれまでのように高額の財政支出を行う余裕はなくなってきている。これからは公助への安易な期待はできなくなった。

　世界は大きな変革の時を迎えている。大変革の軸は３つある。

　すなわち、「デジタル社会」、「脱炭素社会」、「地政学による経済圏の再構築」である。大きな社会の変化の中で、社会の変化を的確に予測して大胆に行動することによって経済的優位性を確保し、不測の事態の備えて十分な保険を購入し、自助によって企業・家計を守っていかなければならない。

　本書は７つの章により構成する。前半の**第１章**から**第３章**まで、新型コロナパンデミックによって明らかにされた「かつての日本のお家芸であった産業の現状」、「デジタル社会への移行と産業構造の変化」、「余裕がなくなった日本の財政」など、日本の構造的問題について説明する。後半の**第４章**から**第６章**においては、地球規模で重大化が進むリスクとして「急速に増長するサイバーリスク」、「気候変動と気象災害の巨大化」、脱ロシア産エネルギー、脱中国依存をはじめとした「地政学によるサプライチェーンの仕切り直し」の３つリスクを取り上げる。

　そして、最終章の**第７章**では、大きな社会や産業構造の変化の中で日本がサステイナブルでレジリエントな社会を構築していくためにいかに振舞うべきか、重大化するリスクをどのようにヘッジしていくべきか、ということについて筆者の考えを述べる。

　およそ30年の間水面下に潜行してきた日本が再浮上し、先端技術とモノづくりにおいて再び世界をリードする機会が訪れる。

　30年前の日本の立場は、産業競争においてアメリカとは対等に渡り合い、他国の挑戦をいかに退けるかであったが、今はチャレンジする立場である。横綱照ノ富士は怪我と病気によって大関から幕下まで陥落したが、みごとに横綱まで上り詰めた。並々ならぬ努力の賜物である。日本が先進技術国として復活してさまざまな問題を解決していくためにも相当な覚悟を持って臨む必要があるが、決してできないことではない。また、照ノ富士関は辛酸をなめた時期に体をケアして病気と怪我を克服したように、日本再浮上のチャレンジにおいて不測の事態に足元をすくわれないようにしっかり保険を付けておくことも必要になる。

　本書が社会の大変革において日本が輝きを取り戻し、サステイナブルでレジリエントな社会を構築するための良き参考になることを願う。

　なお、本書においてアメリカドル建ての数値を円貨に換算する場合、1ドル＝110円で計算している。人物名については、官職名を付けた場合を除いて敬称を略している。

第1章

新型コロナ（COVID-19）
パンデミックの衝撃

1　陽が当たらないパンデミックの歴史

(1)　歴史年表の記述

　歴史年表を開くと、戦争、内乱、フランス革命や明治維新のような革命、あるいは産業革命をはじめとした人類の社会生活を大きく変化させた出来事、さらに大火などの出来事が「いつ」、「どこで」起こったかが記されている。また、自然由来の大きな出来事については大地震・津波、火山噴火、洪水や台風、干ばつ・飢饉などの大きな気象災害のことが詳しく記されている。それらの出来事に共通することは、多くの人命を犠牲にする出来事であると同時に、街や田畑などの風景を一変させる出来事であったということである。

　歴史年表には疫病の発生も記されているが、戦争や大規模自然災害以上の死者を出していても記載内容は簡単で、社会不安が発生したことの一つの要因としての記載に止まっていることが多い。

　歴史年表で 14 世紀を見てみると、ヨーロッパでは華やかなルネサンス文化が開花したことが記されているが、目立たない重大な出来事もある。14 世紀の黒死病（腺ペスト）の流行では、ヨーロッパの人口の 1 ／ 3 〜 2 ／ 3 に当たる 2,000 万〜 3,000 万人が死亡している。また、2 度の世界大戦が起こった激動の 20 世紀にはスペイン風邪の世界的な大流行が起こり、世界で 4,000 万人が亡くなっている。

　ところが、同時期に起こった第一次世界大戦の悲劇に隠れて、スペイン風邪による死者数を知る人は少ない。日本でもスペイン風邪は 1918 年 8 月から 1921 年 7 月にかけて 3 回の大きな流行の波があり、39 万人近くが亡くなっているが[1]、約 10 万人が亡くなった 1923 年 9 月 1 日に起こった関東大

1）池田一夫ほか「日本におけるスペインかぜの精密分析」東京都健康安全研究センター研究年報 56 号（2005）369 〜 374 頁。

震災の陰に隠れてしまっている。

　パンデミックの発生や詳細が一般的には余り知られていない理由は、疫病の発生によって多くの死者が出てもその悲惨さを語り継がせるような物理的破壊はなく、疫病の終息後の街の風景は同じであるためであろう。また、映画のモデルになるような派手なヒーローもいない。

(2)　14 世紀の黒死病と社会構造の変化

　大規模な感染症の蔓延によって短期間に多くの人が亡くなったために、その後の社会構造を大きく変えてしまうこともある。

　14 世紀の黒死病の流行では、人口の急激な減少がヨーロッパで深刻な労働者不足を招き、農村社会における封建的秩序の崩壊を招いている。すでにマグナカルタ（大憲章）によって国王の権限を制限するなどの社会的変化が起こっていたイギリスでは、他のヨーロッパ諸国に先んじて封建社会から抜け出した農奴が労働者となった。階層にかかわりなく自由に経済的機会を求めるようになり、さまざまなイノベーションと 18 世紀半ばの産業革命への下地を作っていった。

2　思い上がり

(1)　思い込み

　多くの人の命を奪う感染症を克服する努力も続けられてきた。特に、近代以降は衛生状態の改善と医学・医療技術の発達によって、人類を長く苦しめてきた天然痘を撲滅し、ペスト、コレラ、インフルエンザをはじめとしたさまざまな感染症に対しても対応力を強化してきた。そして、多くの人々が感染症の世界的流行（パンデミック）リスクを克服したと思い込んでいた。

①　東日本大震災

　感染症ではないが、東日本大震災は人間の思い込みを示す良い例である。2011年3月11日に東日本大震災の大津波で東日本沿岸部の広い地域が壊滅的被害を受けたときに、「想定外」、「未曾有」という言葉がよく使われたが、必ずしも的確な言葉ではなかった。平安時代の貞観地震（869年）では東日本大震災に匹敵する大津波を経験し、明治三陸沖地震（1896年）でも大津波を経験している。また、重大な原子力事故を起こした福島第一原子力発電所は、10 m以上の津波に襲われることはないという思い込みで設計・建設されていたことが判明している。

②　スペイン風邪

　100年前とはいえすでに感染症に対する一定の知見を持っていた時代に発生したスペイン風邪は、特殊な環境下で大規模なパンデミックに発展している。最初に流行が起こったのはアメリカであるが、感染が大西洋を渡ってヨーロッパに拡大し、さらに世界中に感染拡大した背景には、アメリカの第一次世界大戦への参戦によって軍隊がヨーロッパを中心に世界中に派兵されたことがある。死者数4,000万人は、第一次世界大戦の死者数1,600万人（戦闘員900万人、非戦闘員700万人）の2.5倍に相当するが、このような多く

の犠牲が出た理由は、戦時下で十分な防疫・感染予防体制が採られなかったこと、劣悪な衛生状態と栄養失調が感染拡大に拍車を掛けたためであり、今日なら起こり得ない出来事であると考えられていた。

③ パンデミックへの警鐘

地球上にはサブサハラ・アフリカや西アジアなど、内戦や紛争に明け暮れて多くの餓死者を出すような地域が存在し、今日に至ってもすべての国・地域で貧困状態が改善されたわけではない。

しかしながら、2度の世界大戦を挟みながら世界の多くの国々が経済成長を遂げて貧困（栄養）状態が改善され、上下水道が整備されて衛生状態は劇的に改善されている。先進国や新興国では、医療技術・体制も充実しているのでパンデミックのリスクはコントロールされており、100年前のような状況は二度と起こらないと信じていた人が圧倒的多数であろう。

パンデミックに対する警鐘が全く鳴らされていなかったということではない。ダスティン・ホフマンが主演した「アウトブレイク」（2005年）やウィル・スミスが主演した「アイ・アム・レジェンド」（2007年）などのウイルス感染の脅威を題材とした映画もある。また、筆者が東日本大震災直後の2011年5月に上梓した『最後のリスク引受人』[2] では、「パンデミックと経済」と題して付録を付け、パンデミックを巨大リスクとして取り上げて警鐘を鳴らしている。しかしながら、読者の多くは机上の理論に基づく面白い映画・読み物のように捉えていたのであろう。

(2) 感染症克服の努力

思い上がりの背景には、近代以降の人類の感染症への取組みの素晴らしい成果がある。ドイツの細菌学者のロベルト・コッホは、結核菌やコレラ菌を相次いで発見し、その後の治療法やワクチンの開発をはじめとした医療と防

---

2) 石井隆『最後のリスク引受人——知られざる再保険』（保険毎日新聞社、2011）。

疫体制の確立に重要な礎を築いている。また、アーサー・フレミングは青カビからペニシリンを発見（1928 年）して戦傷兵の治療（破傷風菌など）、肺炎球菌、ジフテリア菌、梅毒などの感染症を克服した。さらに、セルマン・ワックスマンがペニシリンの効かない結核菌に対してストレプトマイシンを発見（1943 年）するなど、多くの細菌感染症に対する予防・治療方法を発見してきた。日本人では、千円札の顔でもある野口英世（2004 年発行）の黄熱病や梅毒の研究、同じく北里柴三郎（2024 年発行予定）のペスト菌の発見や破傷風の治療法などが世界的功績として挙げられる。

①　天然痘

天然痘は、毒性が極めて強く感染力も強い恐ろしい感染症であるが、18 世紀半ばに牛痘（牛の病気で人間も罹患する）を罹った者は天然痘に感染しないことに目を付けたエドワード・ジェンナーが、人間に牛痘の膿の接種（種痘）を行った（1796 年）。これによって最初のワクチン（天然痘ワクチン）が開発され、世界中で接種が行われた。全人類の一致団結した努力によって地球上から天然痘が根絶され、WHO は 1980 年 5 月 8 日に天然痘の根絶を宣言している。

②　インフルエンザ、AIDS など

インフルエンザに対してもワクチンや治療薬の開発が進められ、感染拡大と重症化の防止に有効に機能している。SARS（2003 年）や MERS（2012 年）については根治療法が確立されなかったが、感染の封じ込めによってウイルスは消滅したものと考えられている。1980 ～ 1990 年代に世界的に感染拡大した HIV は、今日至っても終息しておらず、決定的な治療法・治療薬の開発には至っていない。しかしながら、抗 HIV 薬を感染者に投与することによって HIV 量をコントロールし、AIDS を発症しないようにすることが可能になっている。また、新しい感染症に対して他の目的で開発された薬が重症化と感染拡大防止に効果があった例もある。

③　SARS、MERS の感染拡大防止の成功

　衛生、医療技術・体制、あるいは防疫体制の改善・整備などの結果、スペイン風邪以降 100 年の間に 100 万人以上の死者を出すような大規模なパンデミックは起こらなかった（AIDS を除く）。そして、人類はいつしか感染症に打ち勝った、たとえ新たな感染症が発生しても重大化する前に抑え込むことができると思い込むようになっていた。実際に SARS、MERS では、空港や港の検疫で発熱などの症状が出ている人を見つけ出して隔離することによってウイルスの拡散を抑え込む水際対策が功を奏した。

(3)　成功体験が招いた過信

　SARS、MERS が発熱などの症状が出た人から感染に限られていたのに対して、新型コロナウイルスはインフルエンザと同様に無症状の感染者からも感染するので、空港や港の検疫では感染者の入国を防ぐことが難しく、無症状の感染者から感染が拡大してしまった。また、新型コロナウイルスに対する予防線を張る前にウイルスが世界中に拡散してしまい、ウイルスの封じ込めに失敗してしまった。

　有効な対策を行うにはウイルスの正体を知る必要があるが、それが遅れた。感染源とされる中国および WHO（世界保健機関）から世界への情報発信が遅れ[3]、宿主（動物）を特定するための調査が行われないままに感染源と考えられる場所が洗浄されてしまった。こうしたさまざまな要因が重なって新型ウイルスに関する情報の共有化が遅れ、その間に世界的感染拡大が始まってしまった。また、経済活動を止めたくないという政治的判断によって都市のロックダウンなど強力な人流の抑制策の導入・実施が後手に回ったという面も否めない。その結果、経済活動の停止・制限期間が長期化し、経済的ダメージを大きくしてしまった。

---

3) WHO は、世界中に新型コロナウイルスの感染拡大が広がった後の 2020 年 3 月 11 日にようやくパンデミック宣言を行っている。

3　日本人の思い上がり

(1)　日本の医療体制

　日本人のリスク感度の鈍さは先進諸国の中で抜きん出ていた。まさか感染症に対する対応力が主要国の中でも最低であるとは日本人の誰もが思っていなかった。

　日本人は衛生に対する意識が高く、東京のような巨大都市でも清潔でスラム化した場所もない。「医療体制は世界最高水準であり、外国との行き来が空路と海路に限られることから空港と港湾での検疫によってウイルスの流入を相当程度防げる。検疫を掻い潜って感染症が日本に流入したとしても日本では重大問題に発展しない。」と信じ込まされてきた。

①　医療崩壊

　まず、2020 年当初の PCR 検査体制が限定的であったことは仕方のないこととしても、政府が早急な検査体制の拡充方針を打ち出しても対応できる組織ではなかったことに国民はショックを受けた。

　次に、2020 年 4 月 1 日に累計重症者数が 62 人になった段階で日本医師会が「医療危機的状況宣言」を出し、コロナ患者受入病床数の逼迫を訴えたことに驚いた。政府と都道府県は、新型コロナ患者に対する追加病床を確保すべく医師会などへの協力要請を行い増床と医師・看護師の確保に努めたが、その後も感染拡大局面のたびに医療崩壊の危機が叫ばれた。

　医療体制の整備が叫ばれて 2 年以上経過しても根本的な改善はみられず、感染拡大の波が押し寄せるたびに首都圏を中心に医療崩壊、あるいは逼迫状態が起こっている。

②　医 師 数

日本の医師数（人口に対する割合）はヨーロッパ諸国との比較では少ない

が、アメリカ、カナダなどとの比較ではほぼ同程度であり、看護師の数はドイツに次いで多い。また、病床数（人口に対する割合）は世界最大であり[4]、なぜ欧米諸国の数十分の一の感染者数（人口当たりの感染者数の割合）で医療が逼迫し、新規の感染者の受入れができなかったのか。

　医療体制が逼迫した理由について政府・行政・日本医師会などの説明を整理すると、「感染症患者を受け入れられる病院が少ないこと」、「PCR検査で陽性が確認される前の擬似症患者を入院させたこと」、「感染が広域に及んだために県境を超えた連携・協力が得られなかったこと」となるが、欧米諸国の数十分の一の感染者数で医療崩壊を起こした理由にはならない。より重要な問題は、日本の医療体制そのものにある。

(2)　根本的問題
①　医療体制
　根源的問題は、日本の医療体制が大規模な感染症を想定せずに構築されてきたことにある。日本には中小病院やクリニック（診療所）は多いが、空気感染を予防する陰圧室や隔離用障壁を設置できる大規模な大学病院、公立病院、民間病院など、感染症指定病院が少ない。医師の内訳についても、開業医が多く病院の勤務医の数が恒常的に不足している。感染症に対応できる病院の医療スタッフの不足に加えて、感染症専門ではない医師とスタッフの協力、外部の開業医と看護師の協力を得られる体制になっていない。

　また、民間病院の場合、感染症用の病棟を用意するなどの仕様変更に伴う費用負担の問題も生じるので、病院経営者は一時的な問題の対応に慎重になる。さらに、制度上の問題として、診療報酬制度を前提とした病院経営の採算性の問題から、極力空きが出ないようにベッド数を決めているので急遽感染症患者用に仕様変更できるベッドがほとんどなかった。

　感染リスクに晒されながら寝る間を惜しみ、休日を返上して懸命に対応さ

4）100人当たりの病床数：日本13.1、OECD加盟国平均4.7（OECD、2018年データ）。

れた最前線の医療関係者には頭が下がる。しかしながら、日本の数十倍もの感染者を出したヨーロッパ諸国やアメリカが何とか医療をやり繰りしている中で、なぜ日本だけが緊急事態において柔軟に対応できないのか。医療先進国を自負してきた日本で、症状が重症化した患者の入院先が見つからずにたらい回しされた残念なケースが何件も報道された。このような状況では、もし日本での感染者数がヨーロッパやアメリカの水準だったら一体どうなっていただろうと考えると背筋が寒くなる。

②　国民の目

　厚生労働省の感染症予防に関する行政、「人の命」を人質にして政治的にも強い影響力を持つ日本医師会に対する国民の見る目は大きく変わった。しかしながら、メディア報道や国会の議論は根本的問題解決の論議にはほど遠く、目先の医療危機問題ばかり取り上げている。

　より重要な問題は、日本が感染症リスクに対して今後どのように向き合っていくべきか、医療制度と体制をどのようにすべきか、ということである。

　すなわち、日本の医療の逼迫は大規模病院と中小病院およびクリニックの構成比に根源的欠陥があるために生じた問題であり、感染症リスク対策を真剣に検討するなら、大規模病院とクリニックの在り方や診療報酬制度をはじめとした制度の根本から見直さなければならない。

　今後の政治と行政に期待する。

(3)　ワクチンの輸入

　もう1つ残念だったことが、近年ノーベル医学・生理学賞をはじめとした自然科学分野で多くの受賞者を輩出している日本が、治療薬およびワクチンの開発・製造で欧米先進諸国に周回遅れ、あるいは土俵に上がることすらできなかったことである。

　治療薬の開発・承認の遅れについては、2020年初頭に世界的感染拡大が始まったときに日本での感染者数が少なかったことから十分な数の治験デー

タを集められなかったことが理由に挙げられたが、果たしてそうだろうか。より重大な問題は、緊急時に開発・認可を急ぐプロセスがないこと、および諸外国のデータや治験結果の受入れについて法律がないことである。多くの人の命と国民の不安にかかわる緊急事態である。そうした時にも最大限の安全性を重視したプロセスに従うしかないのであろうか。

①　ワクチン接種

ワクチン接種の遅れも大きなショックだった。日本がワクチン接種を開始したのは2021年2月17日であり、他のG7諸国より2か月も遅れている。また、接種開始後もしばらくの間ワクチンの供給量は限られており、全国民への接種スピードが上がり始めたのは5月後半になってからである。アメリカやヨーロッパの製薬メーカーが自国への供給を優先する中で、ワクチンの全量を輸入に依存せざるを得ない日本は外交努力を重ねてもその次にしかなれなかった。

②　日本が放棄したワクチン開発

日本国内でもワクチン開発は行われたが、日本の国産ワクチン開発・製造スピードは余りにも遅かった。日本では、かつてワクチンによる薬害問題が起こしたことがワクチン事業のハードルを高くし、将来のワクチン開発・生産の芽も摘み取ってしまった。安易な解決策を採って感染症の根源的対策を海外に丸投げしてしまったことが重大局面で裏目に出た。

緊急かつ重大な状況において日本はかつての得意分野で国民の期待に応えられなかった。そのことを猛省し、日本でも新型コロナ感染の再燃や新たな感染症の出現に備えて、医療体制の見直しと治療薬やワクチンの開発・製造ができるように緊急使用承認制度の導入をはじめとして法制度を見直す必要がある。また、治療薬やワクチン開発能力を国際的水準に引き上げていくには高額の資本が必要になる。アメリカやイギリス、ドイツなどの政府の資金支援の状況を参考にして日本でも踏み込んだ政府支援を検討・実施する必要

がある。

③　ワクチン外交

　治療薬・ワクチン開発問題は、グローバル経済における日本の立ち位置も後退させている。有効性の高いワクチン開発に早期に成功したアメリカ、イギリス、ドイツ、それに続く中国は、ワクチン外交によって経済的・外交的優位性を大いに高めることに成功している。ライバル国がワクチン外交で優位性を高めていく中、日本はワクチンを購入する側に回ってしまったことで、グローバル経済における相対的立場を弱めてしまった。さらに、いち早く新型コロナパンデミックから脱出した中国はマスク外交でも大きな成功を収めている。

　日本は優秀な頭脳を持ちながら過去の苦い経験とガラパゴスルールによって治療薬とワクチン開発競争から取り残され、ライバル国に頭を下げて日本への治療薬とワクチン供給を求めるしかなかった。そして、経済競争とグローバルサプライチェーンの再構築において日本はライバル国の劣後に立たされてしまった。こうした状況をみれば、日本が治療薬やワクチンについて今後どのように取り組んでいくべきか、すでに明らかであろう。

4 パンデミックの歴史とヒトの移動

(1) 人類と感染症のかかわり

　パンデミックとは、地域的な感染症の流行（エンデミック）から、特定のコミュニティで一定期間流行が広まるエピデミックを経て、流行の範囲がさらに広い地域、あるいは世界的に流行する状態を指す。人類は何度か猛烈なパンデミックに見舞われている。死者の数の比較では自然災害による死者が最大で数十万人であるのに対して、パンデミックでは100万人以上の死者を出したケースが何度もある。

　前述のとおり、14世紀にヨーロッパを中心に世界的に大流行した腺ペスト（黒死病）は致死率が90％に達し、世界全体で8,000万人以上、ヨーロッパの人口の1／3〜2／3に当たる2,000万〜3,000万人が死亡したと推定されている。死者の数は「人類史上最大の悲劇」とされる第二次世界大戦の戦闘員と民間人を併せた死者数に相当し、人口に対する死者数の比率では第二次世界大戦の約6倍にもなる。

　人類と感染症とのかかわりは、1万年以上前に人類が一部の動物を家畜化した頃に遡る。感染症の媒介には細菌とウイルスがある。細菌とウイルスの違いは、細菌は、細胞を持ち自己複製能力を持った微生物であり、栄養を摂取してエネルギーを生産する。

　一方、ウイルスは、タンパク質の外殻、内部に遺伝子（DNA、RNA）を持つだけの単純構造の微生物で、エネルギーの生産は行わず細胞を宿主にしているということである。大きさにも違いがあり、細菌がμm（マイクロメートル：1mmの1／1000単位）であるのに対して、細胞を宿主にするウイルスはさらに小さくnm（ナノメートル：μmの1／1000単位）にすぎず、電子顕微鏡でなければ見ることができない。

①　ヒトの移動

　感染症の拡大はヒトとモノの移動と関連が深い。特定地域内に感染が留まっていた風土病は、ヒトやモノの移動によって病原菌が他の地域に運ばれて感染が拡大する。

　13世紀の十字軍の遠征では、猿やアルマジロから人に感染したと考えられる「らい菌」によるハンセン病がヨーロッパの広い地域に拡大している。前述の14世紀にヨーロッパを中心に世界的に大流行した黒死病はネズミや猫を感染源とするが、感染が拡大した背景には、モンゴル帝国（元王朝）がヨーロッパに侵攻し、感染者が広くヨーロッパを移動したためとされる。

②　コロンブス交換

　感染症は大海も渡る。1492年にクリストファー・コロンブスがアメリカ大陸（新大陸）に到達し、以降、ヨーロッパ（旧大陸）からさまざまな植物や動物が持ち込まれ、新世界からも旧世界に多くのものが持ち出された（コロンブス交換）。旧大陸から新大陸へは小麦、馬・牛・羊などの家畜、鉄（車輪）などが持ち込まれ、新大陸から旧大陸へは、金（ゴールド）、トウモロコシ、ジャガイモ、トマトなどが持ち込まれている。ありがたくない交換は病原菌で、旧大陸から新大陸にコレラ、インフルエンザ、麻疹、ペスト、天然痘、腸チフスなどが持ち込まれ、新世界から旧大陸に梅毒、フランベジアなどが持ち込まれている。

　旧大陸からの病原菌は、南北アメリカ大陸を征服する目的にも使用されている。スペインが進出した16世紀の中央アメリカにはアステカ帝国、ペルーには巨大なインカ帝国があったが、アステカ帝国はエルナン・コルテス、インカ帝国はフランシスコ・ピサロが率いる少数の兵によって簡単に征服されている。コルテスやピサロは、馬と銃器をはじめとしたヨーロッパの優れた兵器を有していたものの兵の数は数百人にすぎず、それだけで数十万人の巨大な軍隊を圧倒することなどできない。征服の決め手は、ヨーロッパから持ち込んだ天然痘、インフルエンザ、チフス、腺ペストなどの感染症で

あり、兵士に感染症を蔓延させることによってアステカ帝国やインカ帝国の軍隊を自滅に追い込んでいる。中でも天然痘は毒性が強く、未知の病原菌に晒されて葬り去られた先住民の人口は、コロンブスの新大陸発見前の95％にも達する。ジャレド・ダイアモンドの『銃・病原菌・鉄』[5]にはこうした状況が詳しく説明されているので、興味のある読者は参考にしてほしい。

　また、ハワイは1778年のキャプテン・クックによって西欧文明に発見され、先住民族は西欧人とのかかわりを持つことになる。18世紀末に約25万人いたとされるハワイの人口は欧米人が持ち込んだインフルエンザ、結核、性病、麻疹、天然痘などのさまざまな病原菌によって100年後の1870年代には5万人前後にまで落ち込んだとされる。フィジー諸島、トンガ諸島でも同様な出来事が起こっている。

　一方、ヨーロッパ人はアメリカ大陸の先住民族間の感染症であった梅毒を持ち帰り、ルネッサンス期の性の解放の風潮からヨーロッパで感染が拡大し、さらにその後のグローバリゼーションによって全世界に感染が拡大している。20世紀にペニシリンが発見されて感染者数は減少しているが、後述するAIDS（後天性免疫不全症候群）同様に人間の性に対する欲望がなくならない中で今日も感染症として生き残っている。

③　天然痘とシルクロード

　天然痘の猛威はシルクロードを通ってユーラシアにも及んでいる。8世紀には日本でも天然痘が蔓延し、当時の日本の総人口の1／3に相当する100万〜150万人が死亡したとされる。死亡した人には、政治の中枢にいた藤原武智麻呂、房前、宇合、麻呂の四兄弟も含まれる。

　聖武天皇による東大寺大仏の造立は国家財政に非常に大きな重荷となる大事業であったが、それをあえて行った背景には天然痘の蔓延、干ばつ・飢饉、大地震（畿内七道地震、734年）などによって社会不安が募っていたこと

5）ジャレド＝ダイアモンド著・倉骨彰訳『銃・病原菌・鉄（上・下）』（草思社、2000）。

から、社会不安を取り除いて国を安定させるという強い願いがあったものと考えられている。

④　結核と偉人

　結核は太古から存在し今も存在する感染症である。結核の痕跡は、エジプトやイスラエルの紀元前の人骨から発見されているほか、ヨーロッパや中国で発掘された太古の人骨からも痕跡が発見されており、世界各地でたびたび流行していたことがわかっている。結核は、19 世紀前半にイギリスで大流行しているが、これには産業革命が関係している。すなわち、18 世紀半ばに始まった産業革命によってロンドンへの人口集中が進み、スラムの形成と大量の生活排水がテムズ川などの河川に流れ込んだ。飲料水は汚れた川の水を濾過しただけで、街の衛生状態も劣悪だった。加えて、過労と栄養不足によって労働者の抵抗力が低下していたために結核菌が大幅に増殖したと考えられている。

　結核が日本に持ち込まれたのは平安時代であると考えられているが、明治初期まで肺結核を労咳と呼び、数多の偉人の命を奪っている。幕末の志士高杉晋作、第二次伊藤博文内閣の外務大臣として不平等条約の改正にあたった陸奥宗光のほか、近代日本文学の礎を築いた多くの文学者が結核で亡くなっている。亡くなった文学者には、俳句・短歌の中興の祖であり自らを血を吐くまで鳴き続けるホトトギスになぞらえて「子規」の号を用いた正岡子規、若くして逝った石川啄木、樋口一葉、竹久夢二、中原中也などがいる。

　1882 年にロベルト・コッホが結核菌を発見し、BCG ワクチンの開発・普及によって多くの国で予防接種が行われ、さらにストレプトマイシンなどの抗生物質の開発によって結核は完治する病となった。しかしながら、結核は今日においても感染症としては AIDS に次ぐ死者を出し、近年は学校、高齢者介護施設、病院などで集団感染が増加している。さらに、「菌の逆襲」と呼ばれる抗生物質の効かない耐性結核菌の発生や AIDS との結び付きによって新たな問題を生じ始めている。

⑤　根絶されないコレラ

　コレラも紀元前の太古から存在する病原菌であり、世界各地で幾度となく流行を繰り返し、世界的流行も7回確認されている。1826 〜 1837 年の世界的流行は、アジア発のコレラ菌がヨーロッパ、アフリカ、アメリカ大陸に運ばれて感染拡大している。コレラ菌の拡散の背景には、イギリスによるインドの植民地化をはじめとした西欧列強と海外植民地との交易の拡大があり、蒸気船や蒸気機関車の登場によるヒトの移動範囲の拡大、人数と頻度の増大が一役買っている。

　コッホは、結核菌の発見に続いて 1884 年にコレラ菌を発見し、防疫体制の強化が図られるきっかけとなっている。大都市における下水道の整備やゴミの収集方法の確立によって衛生状態が改善され、治療方法やワクチン開発によってコレラパンデミックは起こらなくなった。しかしながら、今日においても衛生状態が悪く、医療・防疫体制が未整備の地域、あるいは大規模自然災害によって衛生状態が悪化する場合にコレラ感染は重大な問題となる。

⑥　スペイン風邪と第一次世界大戦

　スペイン風邪の感染拡大については、前述のとおりアメリカの第一次世界大戦への参戦とヨーロッパなどへの派兵が大きな要因となって世界中で約6億人が感染し、ヨーロッパで 2,000 万人、全世界で 4,000 万人以上が死亡したと推定されている。当時の世界人口が約 18 億人なので、全人口の1／3が感染し、感染者の7%以上の人が死亡した計算になる。

　また、戦時下のヨーロッパでは食料不足が発生して餓死者を多く出すなど人々の栄養状態が悪化しており、スペイン風邪のほかにも寄生虫による発疹チフスやマラリア感染などでも数百万人の死者を出している。スペイン風邪による死者数にその他の感染症の死者を合計すれば、戦争による死者数の3倍にもなる。第一次世界大戦の戦線拡大は、その後の世界で不可欠となる電話や無線などの新しい通信手段を世界中に広め、人々の往来が増えてさまざまな工業技術を伝播させたが、病原菌も世界中にばらまいてしまった。

　なお、アメリカ発のインフルエンザが「スペイン風邪」と呼ばれたのは、第一次世界大戦下において各国の情報発信が各国政府機関によって検閲されていたのに対して、当時スペインは中立国であり、主要な情報がスペインから発せられていたためである。2019 年末に中国の武漢で最初の感染拡大が起こった新型コロナウイルスの呼び名について、「中国ウイルス」と呼んだアメリカに対して中国は自国名が呼称に付けられることに反発し、WHO は COVID-19 という呼称を使うように呼び掛けた。病名に国名や地域名を付ければ差別の温床になる恐れがあり、実際にアメリカではアジア人に対する差別や暴力事件が発生している。その後生まれた変異株については、アルファ株（当初はイギリス株）、デルタ株（同インド株）とされ、オミクロン株の呼称は早い段階から定着している。

(2)　パンデミックによる死者数

　パンデミックによる死者数は大規模な戦争による死者数をも上回るという話しをしたが、図表 1 は、14 世紀の第二次ペストの大流行以降の地球規模のパンデミックをまとめたものである。死者数については、断りのあるものを除いて一般的に認識されている推定値である。

　なお、2002 年 11 月から 2003 年にかけて広東省（中国）および香港を中心に世界中で感染者が出た SARS、2012 年から 2015 年にかけて中東地区や韓国を中心に感染拡大した MERS はパンデミックには至っておらず、図表 1 には挙げていない。

　また、アフリカ中央部、西アフリカでたびたび猛威を振うエボラウイルス病（エボラ出血熱）は毒性が非常に強く、遠出する前に多くの感染者が死亡するためにパンデミックには至っていないが、致死率が 50 〜 80% と高く、地域住民に恐怖を与えている。

図表1　14世紀以降の地球規模のパンデミック

年	名　称	主な流行地域	死者数（推計）	当時の世界人口[※1]	人口比
14世紀	第二次ペスト流行（前半）	ヨーロッパ、全世界	8,000万人以上	4億人	20%
16〜17世紀	第二次ペスト流行（後半）	ヨーロッパ、中国	4,000万人以上	9億人	4.4%
16世紀半ば	天然痘、はしか、チフスなど	中央アメリカ	数千万人	9億人	NA
1826〜1837年	第三次コレラ流行	アジア、ヨーロッパ、全世界	100万人以上	13億人	0.08%
19世紀末〜1960年	第三次ペスト流行	中国、インド	1,200万人	16.5億人	0.7%
1918〜1919年	スペイン風邪	アメリカ、全世界	4,000万人（WHO推計）	18億人	2.2%
1957〜1958年	アジア風邪	アジア	200万人（WHO推計）	28億人	0.07%
1968〜1969年	香港風邪	香港	50万人	35億人	0.01%
1980年代以降	HIV（AIDS）	発展途上国全世界	3,000万人[※2]	45億人	0.67%
2009〜2010年	A（H1N1）（豚）インフルエンザ	南北アメリカ大陸、全世界	1万4,000人	69億人	ほぼ0
2019〜2022年	新型コロナ（COVID-19）[※3]	中国、全世界	650万人	80億人	0.08%

※1　世界人口：国連統計。

※2　HIV（AIDS）の世界人口は1980年の数値。

※3　新型コロナ（COVID-19）：WHO、2022年9月1日時点。

5　パンデミックの脅威

　最近までパンデミックの年表はスペイン風邪で終わりと考えていたが、終わりではなかった。新たなウイルスの出現、あるいはウイルスの変異によって感染力・毒性の強いウイルスが出現すれば深刻なパンデミックを起こす可能性は常にある。

　もう１つ明らかになったことは、今回の新型コロナパンデミックの教訓を踏まえて感染症対策を抜本的に見直して強化するとしても、将来再び深刻なパンデミックが起こる可能性がなくなることはなく、発生の蓋然性は机上の理論ではなく現実のリスクであるということである。

(1)　パンデミック発生の理由

　深刻なパンデミックが将来も発生すると考える理由は、次の３つである。

①　未知のウイルス

　１つ目は、常に未知のウイルスや細菌が出現する可能性があることである。地球上には人類が体験していない細菌やウイルスが多数存在する。開発のための入植や人口増加によって人間の生活地域が野生動物の住む地域に及べば、野生動物からウイルスが人間社会に持ち込まれる可能性は高まる。新たな宿主から未知のウイルスが生まれる可能性や変異によって感染力と毒性が強い新たなウイルス、あるいは感染予防策を立て難いウイルスが出現する可能性もある。

　実際に、新型コロナウイルスは世界中に感染拡大する中で何度も変異を起こし、アルファ株、デルタ株、オミクロン株などの変異したウイルスが出現している。無症状感染者からの感染や感染経路が多様で感染力が強い場合、ヒトの移動を制限するとしても感染拡大を止めることは容易ではない。

　また、地球温暖化によってシベリアの永久凍土の融解が進めば、増殖力の

高いモリウイルスのほか、さまざまな未知の細菌やウイルスが地上に放出されることになる。ヒトへの直接的感染の可能性は低いとしても、動物を介して変異してシベリアに入植したヒトに感染する可能性は否定できない。

　日本海側の諸都市とロシア西岸のウラジオストックやサハリンとの距離が近く古くより交易が盛んである。ロシアに対する経済制裁中はシベリアと日本の諸都市との間の交易は抑えられるが、交易が再開されれば日本は早い段階でシベリア発の感染症リスクに晒されることになる。

②　大都市の人口密集度

　2つ目は、大都市の人口密集度の高さである。現代社会は知らず知らずのうちにパンデミックを起こしやすい状況を作り出している。かつて、大都市のスラム化した場所で衛生環境が悪化して感染症の温床となったが、今日の大都市では概ね上下水道が整備され病原菌の少ない状態になっている。一方、住民は、衛生環境の改善によって病原菌に対する抵抗力が低下している。病原菌に対する抵抗力が弱い人達が密集して住んでいるのが現代の大都市である。

　「閾値（しきいち）」という言葉があるが、境目となる値、あるいは臨界点を意味する。感染力と毒性の強さは通常トレードオフの関係にあるとされるが、感染力と毒性において閾値を超える細菌やウイルスが突然変異によって出現した場合には、感染拡大と重大化は避けられない。大都市には短期間に深刻な感染爆発を引き起こす条件が揃っている。

　人口増加は今後もしばらく続く。産業革命が始まった18世紀半ばの世界の人口は8億人程度であったが、19世紀初頭に10億人に達し、20世紀初頭には16億人、21世紀に入る頃には60億人を超え、現在の人口は80億人（2022年）とされる。国連によれば増加スピードは鈍化するものの今後も世界の人口は増加し続け、2050年には97億人、2100年頃に110億人に達して頭打ちになるものと予測されている。アフリカやアジアでは新たな都市が次々誕生し、大都市の人口は増加する。日本はすでに人口減少傾向にあり、

ヨーロッパ諸国においても遠からず人口減少に移行するものと予想されているが、減少は地方を中心に起こり大都市の人口密集度合の大幅な低下は考え難い。

③　グローバルなヒトの移動

　3つ目は、グローバルなヒトの移動である。1990年代以降の高度なITの世界的普及を背景として経済性を重視して構築されたグローバルサプライチェーンは、アメリカを中心とした西側陣営と中国および一帯一路経済圏、反アメリカ諸国との対立により先端通信機器の製造・流通を中心に仕切り直しに向かうが、一国経済主義への回帰とはならない。また、エネルギー、食料、鉄、銅やアルミなどのベースメタル、貴金属、レアメタル（レアアースを含む）を含む鉱物資源、大衆消費材などのサプライチェーンについては、引き続きグローバルな貿易が継続されると予想される。ヒトの移動は新型コロナパンデミックの影響で低下しているが、移動制限の撤廃に伴って旅行者数が回復していくものと考えられる。

　20世紀以降これまでの人口増加と大都市の出現はアジアが中心であったが、今後はアフリカが中心になっていく。それに伴って世界とアフリカの間の往来が増加することが予想される。アフリカの熱帯地域で致死率が高いエボラウイルス病が何度も流行していることが知られているが、他にも研究が進んでいない風土病や病原菌が多くある。経済発展によってアフリカの衛生状態や医療体制が改善されていくとしても時間が掛かる。したがって、アフリカとの接点の増大によって、治療法が確立されておらずワクチンも開発されていない新たな感染症リスクに晒されることになる。

⑵　新型コロナ後の旅行者数の回復予測

　図表2は、新型コロナの大流行が始まる前に作成された国連観光機関（UNWTO）による世界の旅行者数の推計および予測である。世界の海外旅行者数は世界経済の成長傾向、テクノロジーの進歩による新たなビジネスモデ

図表2　世界の旅行者数の推計と予測

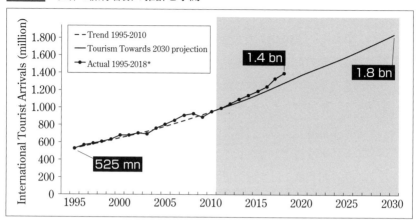

出典：国連観光機関（UNWTO）（2019年1月）。

ルの登場、ビザの緩和、航空機利用による旅行の浸透などを背景に、1995年に5億2,500万人であった旅行者数が2018年には14億人に達したものと推計され、さらに2030年には18億人に拡大するものと予測している。

　世界のヒトの往来は、SARSが問題となった2000年代初頭、MERSの感染拡大が起こった2010年代前半に少し落ち込んだが、総じて海外旅行者の数は増加傾向を示している。2020〜2022年の旅行者数は新型コロナパンデミック関連の移動制限によって大幅に落ち込むので**図表2**の予測のような伸びにはならない。また、パンデミックが終息しても人間の行動様式の変化によって観光旅行がコロナ禍以前の水準には戻らないという見方や、海外の生産施設を遠隔操作する方法やインターネット回線を使ったテレビ会議の発達によってビジネス旅行を減らす動きもある。エネルギー価格の上昇が今後も続くことが予想されており、飛行機で大陸間を移動する費用が上昇し、その結果大陸間の移動者数は今後減少に向かうという予測もある。

　しかしながら、移動の自由を心待ちにしている人が多くいること、グローバルサプライチェーンが世界経済の基盤となっていることを考えれば、今後の旅行者数はこれまでの予測を下回るとしても旅行者数は回復・増加すると

考えるのが妥当であろう。

⑶　パンデミック再来の高い蓋然性と備えの重要性

　人類は感染症との長い闘いの中で多くの感染症に打ち勝ってきたが、パンデミックの脅威を克服したわけではない。未知のウイルスは数多く存在しさらに常に変化するので、有効性の高い治療薬やワクチンをあらかじめ準備しておくことは不可能である。一方、グローバルな経済活動は文化的社会を継続していくための基盤であり、ヒトの移動は今後も続く。また、人口増加と新たな大都市の出現によって感染症が短期間に蔓延するリスクは増大し続ける。

　新型コロナパンデミックによって人類の思い上がりと日本人の医療体制や治療薬・ワクチン開発力に関する過信・慢心は打ち砕かれた。パンデミックはこれからも人類にとって最大級の脅威の一つであることを今一度しっかり認識し、日本のグローバル経済における立ち位置についてもよく考えて対応策を検討・実施する必要がある。

　また、日本の財政は、長期にわたる経済スランプに加えて大規模自然災害と新型コロナ対応による高額支出によって余裕がなくなってきている。将来のパンデミックによってヒトの移動が制限され、サプライチェーンの寸断によって経済活動を縮小・停止せざるを得ない事態に対して、公助には多くを期待せず、事業中断保険や所得補償保険、および同様の機能を持つ金融商品によって経済的備えを拡充していくことが重要になる。経済・財政上の問題点や保険の利用拡大の必要性については関連する各章で説明する。

第2章

一変する産業構造

1

新型コロナパンデミックの
世界経済への影響

(1)　GDP への影響

　新型コロナパンデミックによって世界経済は大打撃を受け、2020 年の世界 GDP（IMF、実質）は −3.1％のマイナス成長となった[1]。

　最初にコロナ感染拡大が起こった中国は早期の感染終息に一旦成功して下半期の経済回復によって 2.3％のプラス成長を確保したものの、G7 諸国は軒並みマイナス成長となった。ドナルド・トランプ大統領によって経済活動を（止めないことを）重視したアメリカは、爆発的感染拡大を招いて多くの州で経済活動に制限が掛けられ、−3.4％のマイナス成長となった。たびたびロックダウンに追い込まれたイギリスとユーロ圏もそれぞれ −9.8％、−6.3％と大幅な落込みとなり、日本も −4.6％と世界平均を上回る落込みとなった。

図表1 世界経済見通し──実質 GDP、年間の変化率　　　　　　　　（％）

国、地域	2020	2021	2022	2023
アメリカ	− 3.4	5.7	2.3	1.0
ユーロ圏	− 6.3	5.4	2.6	1.2
ド イ ツ	− 4.6	2.9	1.2	0.8
フランス	− 8.0	6.8	2.3	1.0
イタリア	− 8.9	6.6	3.0	0.7
日　　本	− 4.6	1.7	1.7	1.7
イギリス	− 9.8	7.4	3.2	0.5
カ ナ ダ	− 5.3	4.5	3.4	1.8
中　　国	2.3	8.1	3.3	4.6
世界の総生産	− 3.1	6.1	3.2	2.9

出典：2020 年：IMF「世界経済見通し」（2021 年 10 月）。

　　　2021 〜 2023 年：IMF「世界経済見通し改訂版」（2022 年 7 月）。

---

1) IMF「世界経済見通し（WEO）」による「最新の成長率予測」（2020 年 10 月、2022 年 7 月）。

(2)　新型コロナで加速する社会の変化

　新型コロナパンデミックが経済に及ぼした影響は一時的な経済活動の低下やその後の金融市場への影響に止まらない。14 世紀に大流行した黒死病によってヨーロッパの人口の 1 ／ 3 が死に、労働力不足から封建社会の崩壊が起こり後の産業革命の下地を作っていったことを述べたが、今回の新型コロナパンデミックも産業構造に大変革をもたらした。

　1990 年代に始まった IT 革命によってさまざまな新しい技術が開発・導入され、ネット上でヒトとモノが結び付けられる社会が始まった。IoT、AI、ロボティクスによる工場や農場などの生産現場の無人化・遠隔操作、リモートワークの導入、ネット販売への重点移行などの変化が始まった。変化は急激ではなく労働者の職種変更のための再教育や過剰となる労働者の整理と新たな雇用先の確保などに要する期間を勘案しながら進められていた。

　ところが、新型コロナの感染拡大防止のためのヒト・モノの移動制限が長期間に及び、デジタル社会への移行が一気に推し進められた。

　代金の支払方法についても、クレジットカード、プリペイドカード、ネットバンキングなどのキャッシュレス決済の普及が一気に高まっている。

　暗号通貨（暗号資産、仮想通貨とも呼ばれるが、本書では暗号通貨とする）の利用も進んでいる。エルサルバドルでは、本質的価値がないにもかかわらず暗号通貨のビットコインを 2021 年 9 月 6 日付で法定通貨とした。人口 620 万人の中央アメリカの小国が暗号通貨を法定通貨としたことで世界の通貨体制、決済方法に大きな影響が及ぶことはないが、暗号通貨の可能性を示す出来事である。

　暗号通貨の問題点として、本質的価値がないために価格のボラティリティが高く、法定通貨との交換比率も固定されていない点が挙げられるが、交換比率が固定されたステーブルコインが開発・流通するようになれば、投資対象に止まらず通貨としての機能が高まることになる。

　また、14 億人の人口を擁し世界第 2 位の経済大国である中国は、中央銀行デジタル通貨（CBDC）の本格的導入に向けての準備を進めている。北京

や上海などでの実証実験を経て、2022 年の北京オリンピック／パラリンピック会場では支払いがデジタル人民元で行われている。中国の動きを受けて、アメリカ、イギリス、EU、日本などの民主主義・市場経済をベースにする先進諸国においても CBDC の導入検討を急いでいる。紙幣や貨幣が姿を消すということではないが、デジタル社会においては非接触型の決済方法が一般的な手段になり、CBDC が広く流通する日が遠からず訪れるものと考えられる。

2 デジタル社会への移行加速

(1) IT 革命から DX へ

① インターネット

インターネットの起源とされ、アメリカ国防総省が開発資金を提供していくつかの大学と共に開発された ARPANET および関連技術が 1995 年に民間に完全に開放され、パソコン（PC）をネットワークに接続して双方向で大量の情報が瞬時に交換されるインターネットが一気に世界に広まった。

PC の普及と海底ケーブル、人工衛星を利用した国際通信の利用によって 1990 年代に IT 革命が叫ばれ、それにさまざまな商取引や銀行取引、株式投資などがインターネット上や e メールで行われるようになって社会・経済に一大変革をもたらした。

それから約 30 年経った今日、インターネットは経済活動のみならず社会生活全般において不可欠なツールとなっている。そして、新型コロナパンデミックをきっかけに、IoT、AI、5G、6G、ブロックチェーン、量子コンピュータなど、さらに進んだ技術が産業構造を大きく変えようとしている。

② スマートフォン

2007 年に登場したスマートフォンは、PC と同様に IT 革命の中でも大きな役割を果たしている。スマートフォンは、電話機能に加えてインターネット上の情報検索、音楽プレーヤー、カメラ・ビデオ、ゲーム、手帳、地図などの機能を併せ持ち、それらの携帯型の機器に取って代わってしまった。また、スマートフォンとクラウドなどを活用した P2P ビジネスが急速に伸長し、産業構造に大きな変化が起こり始めている。

③ デジタル社会の成長産業

2009 年にアメリカで設立された Uber Technologies は、スマートフォンア

プリを介して低料金で相乗りするライドシェア、フードデリバリー（Uber
Eats）、宅配便、貨物輸送、電気自動車のレンタル事業などを手掛け、日本
では新型コロナの影響で外食の機会が減る中で食べ物を宅配する Uber Eats
が注目を集めた。同社は、設立からわずか９年目の 2017 年にインターブラ
ンド社による世界中の企業を対象にしたブランド評価で第 89 位に入り、2022
年も第 85 位にランクされ、世界のトップブランドとして定着している[2]。

④　国家戦略・企業戦略になった DX

　アナログ社会からデジタル社会への移行は、社会生活の利便性を高め経済
活動を向上させるものであり、起こるべくして起こる変化である。ただし、
変化を起こすためには社会構造の破壊と新たな創造が必要であり、完成度の
高い社会ほど変化に対して消極的になりがちである。

　アナログの機械仕掛けのモノづくりの成功体験のある日本は世界の変化に
大きく遅れていたが、新型コロナ感染拡大防止策としてリモートワークの導
入が求められると、日本でもようやく DX（デジタルトランスフォーメーション）
という言葉が飛び交うようになり、企業や団体は生産、販売、管理に至るす
べての業務プロセスのデジタル化を重要戦略の一つに掲げるようになった。

　政府も社会の DX を後押しし、IT 基本法を見直してデータの多様化と大容
量化に対応すべく法整備を行うと共に 2021 年 9 月にデジタル庁を新設して
デジタル社会への移行の加速を図っている。デジタル庁では、国の情報シス
テムに関する基本方針の策定、全国規模のクラウドへの移行による地方共通
のデジタル基盤の構築、マイナンバーカードと健康保険証の一体化、公金受
取口座の登録のなど、デジタル社会の基盤整備を急いでいる。

(2)　デジタル社会の概要

　予想されるデジタル社会とは次のような社会である。

2）Interbrand "Best Global Brands 2022"

①　デジタル社会のサイクル

　デジタル社会では、あらゆるモノに IoT センサーが取り付けられ、位置や稼働状況、周辺の環境などの情報が集められる。膨大な量の情報は、容量制限のないクラウドやブロックチェーンに集められ、AI が目的に応じてデータを分析する。そして、AI からロボットや RPA（Robotic Process Automation）などに実行命令を出すことによって作業を自動化する。すなわち、IoT によって取得したビッグデータをクラウド・ブロックチェーンに安全に保管し、AI がビッグデータを分析処理してロボティクスによって作業を実行する。そしてこの循環が繰り返される。その結果、生産性の著しい向上と人為的ミスの排除が図られるほか、人間の作業が無人化され危険作業も引き受けてくれる。デジタル社会のそれら一連のサイクルを図にまとめたものが**図表2**である。

②　予想される変化

　DX によってそれぞれの産業や行政システムでどのような変化が起こるのであろうか。予想される具体的変化をまとめたものが**図表3**（次頁）である。

図表2　デジタル社会のサイクル

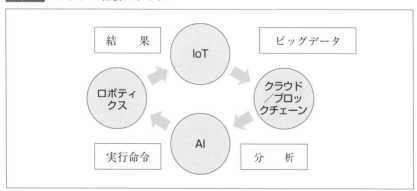

図表3　デジタル社会で起こる変化

分野／産業	予想される変化
工場生産	・IoT と AI による無人化・遠隔操作、省エネ ・オンデマンド生産 ・AI による生産ラインの保守・管理
農業	・自動耕作・収穫 ・ドローンによる肥料・農薬散布、育成管理 ・データ管理・品質維持
エネルギー	・供給の効率化 ・電力売買の自由化 ・電力取引市場における需給調整 ・再生可能（グリーン）エネルギーの利用拡大
サプライチェーン	・自動電子決済 ・商品受注、在庫データ、搬入・搬出、入送金などのデジタル処理
交通システム	・自動運転、自動配車・配送 ・ドローンによる配送 ・ライドシェア
金融・決済	・中央銀行デジタル通貨および暗号通貨による決済 ・AI によるフィンテック
医療	・遠隔診療・治療 ・検査結果・カルテなどのデータ管理・共有化
生活	・AI による省エネ、ロボット家電 ・健康管理

③　移行の急加速

　技術進歩の目的は、作業効率を高め、できなかったことを可能にして人間社会を豊かにすることである。産業革命では蒸気機関の発明を皮切りに、さまざまな技術の発明・革新的進歩によって工業生産力が飛躍的に向上した。同時期に起こった農業革命による食料増産によって人口増加を支え、2つの革命が相乗して経済的豊かさを実現した。

　同様に、デジタル社会は社会生活の利便性を高め生活を豊かにする。効率

化・無人化が進む産業では労働者が仕事を失うが、新たな労働需要の創出は産業革命やその後の高度経済成長期のようにはいかない。そのため、デジタル社会への移行は企業の事業内容の転換と労働者の職種転換のための教育・訓練の進捗を勘案しながら進められるであろう、というのが一般的な受け止め方であった。

ところが、2年以上に及んだ新型コロナによるさまざまな行動の制約がデジタル社会への移行を一気に加速させたために、自国をデジタル産業の世界の一大拠点とすることによって労働需要を確保することが唯一の国家の経済戦略となる。

すなわち、DXによって労働力需要総量の減少が予想される中で、自国の労働需要を満たすためにはデジタル社会実現のための技術開発・導入をいち早く行い、デジタル技術・製品とビジネスモデルの輸出によって勝者となることによってのみ経済的優位を確保することができる。

一方、劣後となった国では経済的地盤沈下と失業者の増加を招くことになる。図らずも "winner takes it all（勝者総取り）" の厳しい産業構造改革競争の火蓋が突然切られてしまった。

3　製造現場の無人化・遠隔操作とリモートワーク

(1)　一変する製造現場

　IoTとAIおよびロボティクスによる工業生産の無人化と遠隔操作による生産方法は、生産性の向上と人為的ミスの排除の観点から有効な手段であるが、先端技術導入のためには一時的に大きなコストが発生する。また、工場の無人化や遠隔操作への移行を検討する場合、同時並行的に検討されるはずの労働者の配置転換、再教育などの問題解決は後回しとなった。

　IoTによってさまざまな情報を入手してAIに送信し、分析・検討の過程を経て再びサイバー空間で作業の指令するシステムに変更すれば、サイバー空間上の事故やサイバー攻撃を受けるリスクが生じる。そのため、事前にサイバーセキュリティ対策を準備する必要があるが、それらの作業も並行的に行わざるを得なくなる。それでも多くの企業がIoTとAI、ロボティクスの導入、無人化や遠隔操業方式へ一気に大きく舵を切らざるを得なかった。

(2)　リモートワーク

　オフィス業務のリモートワークへの移行も大きく進んだ。緊急事態宣言を受けて各都道府県は企業に対して業務を極力リモートワークに切り替えるように求め、政府も西村康稔経済再生担当大臣（当時）が2020年7月26日に会見を行い、感染拡大防止のために経済界に対して「テレワーク70％」の推進を求めている。

　リモートワークはオフィスの所在地とは離れた場所で業務を行う形態を指し、テレワークはオフィスの外からインターネットや電話回線などを用いてPCでの作業、メール、チャット、テレビ会議などを行いながら働くことを意味する。他にも、自宅で仕事をする在宅勤務、PCやスマートフォンを利用して新幹線や飛行機などで移動中に行う作業やカフェやホテルラウンジから仕事をするモバイルワーク、勤務地のオフィスではなく自宅に近いオフィ

スや郊外のオフィスから仕事するサテライトオフィス、コワーキングスペースなどの形態がある。

　さまざまな用語があるが、本書では引用部分を除いてオフィス外からの勤務を総称してリモートワークとする。

①　リモートワークの利点

　個人の価値観や生活環境が多様化する中で、リモートワークの導入は自律性が高い社員の生産性の向上、育児や介護による社員の離職防止、遠方に住む優秀な人材の活用などの有効な手段として限定的に、あるいは実験的に導入されてきた。労働者の立場からは、通勤時間を家族との時間や趣味など他の目的に使えること、混雑した通勤や職場での人間関係からの解放されることによるストレスの軽減などのメリットがある。会社にとってもオフィススペースの縮小、交通費の負担軽減などのメリットがある。特にビジネス街で高額の家賃を支払っている場合、オフィス規模を縮小できれば経費の節約効果は大きい。

②　リモートワークの課題

　一方、リモートワークの本格的導入にはいくつかの課題があった。社員が自宅などから仕事ができるように PC やスマートフォンなどの IT ツールの貸与が必要になるが、問題はコスト面だけではない。より重要な問題は、機密情報・経営情報へのアクセス権限の付与・管理、セキュリティ管理などの課題を事前に解決する必要がある。

　リモートワークを行う社員の所在と仕事の進捗状況の確認・管理、人事考課および昇給、人材の育成やモチベーションの管理、対面によるコミュニケーションの減少による営業力の低下、チームとして業務遂行力の低下などの課題も残る。

　本格的リモートワークの導入は、それらの課題を解決することを前提に段階的な導入を検討する、という企業が多かったと思われるが、新型コロナの

急速な感染拡大によってそんな悠長なことは言ってられない状況になってしまった。オフィス内や通勤時、会議や打合せ、一斉に食事を行うことによる密な状態を避けるためには自宅に留まるのが最善であり、対象を全役職員に拡大してできる限りリモートワークを行うしかなかった。

③　定まった方向性

　リモートワークですべてのオフィス業務を満足できる水準で遂行できるわけではなく、リモートワークが一時的緊急対応となった業務も多い。また、新規の取引開拓、得意先とのきめ細かなサービスなど、対面での交渉に代え難い業務もある。新型コロナが終息に向かうにつれてリモートワークの実施率は一定程度低下していく。しかしながら、リモートワークという新しい働き方が多くの場合に可能であり、社員の特性や状況によっては生産性を上げる手段としても有効であることが実証された今、自律性の高い労働者にリモートワークを導入・定着させ、オフィス経費の負担軽減を図っていく方向性は定まった。

4 産業構造の変化
——大量生産・大量廃棄からオンデマンドの生産・消費

(1) P2P

インターネットによって生み出された通信技術に P2P (Peer to Peer) モデルがある。P2P は、不特定多数の端末がサーバを介さずに直接データファイルを共有する、あるいは通信を行うネットワークである。別の言い方をすれば、P2P はクライアント同士が直接インターネット上で繋がってデータをやりとりする方式であり、従来型のサーバで処理されたデータをインターネットを介してクライアント (PC やスマートフォン) が利用するクライアント・サーバ方式とは異なる。

P2P 技術はすでにわれわれの社会生活において身近なツールとして使われており、SNS アプリの LINE ではサーバを介せずにユーザー同士でデータファイルや写真、動画を共有することができる (ユーザー ID などのアカウント情報は LINE サーバで管理されている)。

Skype も初期段階では P2P 方式を利用していたが、2011 年に Microsoft 社によって買収された後クラウドホスティングサービスに変更された。

暗号通貨の取引にも P2P が用いられている。暗号通貨のビットコインを送金する場合、トランザクション (取引履歴) はマイニングからハッシュ値が計算され、ブロックチェーンのブロック (分散台帳) に書き込まれる。1つのノードが消滅した場合にデータも一緒に消滅されるという問題は、P2Pを用いることで相手のユーザーのノードに残ることで解消される。

① P2P のメリット

P2P モデルには以下、大きく 4 つのメリットがあるとされる。

(i) ネットワーク端末に掛かる負荷が分散されること
(ii) 安価であること

(iii)　ゼロダウンタイムの実現

(iv)　匿名性が確保されること

1つ目は、データが分散管理されるためにネットワーク端末に掛かる負荷が分散されることである。負荷の分散によってユーザー数の増加、動画などの大容量のデータ送信にも有効である。

2つ目は、クライアント・サーバ方式に比べて安価であり、ユーザー数が増えるほど強みとなることである。

3つ目は、ゼロダウンタイムが実現されたことである。サーバを介する場合、サーバがダウンしてサイトにアクセスできなくなる状態（ダウンタイム）が起きることがあるが、P2Pモデルはサーバを介さないのでダウンタイムは発生しない。また、回線に掛かる負荷が小さいのでデータの処理スピードが速い。

4つ目は、ネットワーク上にデータが分散されているのでノード情報が把握され難い。そのため、匿名性が確保されプライバシーの保護に有効である。

②　P2Pの課題

ただし、P2Pの4つ目のメリットの匿名性の高さはセキュリティ面の危うさを併せ持つ。クライアント・サーバを通さずに直接クライアント同士が交信するので、ファイル交換の際にウイルスが混入するリスクがあり、重要なデータや私的な写真や動画が外部に流出・拡散し、著作権侵害や賠償責任を負うリスクを伴う。セキュリティソフトを導入することによってリスクを軽減できるが、セキュリティに関してはデータの所在が明確なクライアント・サーバを介するネットワークを利用することが有効である。

また、P2Pをビジネスに用いる場合、取引履歴の正当性を確保することが重要であるが、ブロックチェーン技術と組み合わせることによってP2Pの弱点を克服することができる。

P2Pはさらなる発展を遂げようとしている。人々の行動・嗜好の多様化によって行動様式も変化していく。高度経済成長時代から続いた大量生産・大

量消費から、一人一人が欲するように行動し自分の好みに合うようにカスタマイズしたモノやサービスを必要な時に購入するオンデマンドの行動様式に変化していく。

　P2P モデルは人々の行動様式の変化に即したビジネスツールであり、PCやスマートフォンを介してさまざまな新しいビジネスモデルを実現していくものと考えられている。

⑵　O2O とオムニチャネル

　高性能なスマートフォンの普及を背景に伸長しているマーケティングモデルが O2O（Online to Offline）やオムニチャネルである。

①　O2O

　O2O は、Online（オンライン：Web）と Offline（オフライン：実店舗）という異なる2つを組み合わせて販売活動を促進する手法である。

　デジタル社会では、スマートフォンや IoT デバイスなどを通して取集した（日々変化する）顧客情報を AI で分析し、属性や時間、場所、嗜好などを考慮しつつプライバシーに配慮し、欲しい製品やサービスを希望する場所で提供することが求められる（オンライン）。同時に、従来の体面による親密なコミュニケーション（オフライン）を上手く組み合わせることがマーケティング成功の鍵になる。

②　オムニチャネル

　「オムニ」はラテン語で「あらゆる、すべての」を意味する。したがってオムニチャネルとは「顧客を獲得するためのあらゆる手法」という意味である。オムニチャネルは、店舗や企業が Web サイトで会員情報、在庫情報、物流情報などを統合し、ユーザーはオンライン、オフラインを問わず、どの販路からも商品やサービスの提供を受けることができるようにする方式で、顧客を囲い込むマーケティング手法である。

③　O2O によるマーケティング

O2O では従来型のテレビ、ラジオ、チラシなど使ったマーケティングでは難しかったアプローチが可能になる。すなわち、O2O を用いればインターネット上で商品やサービスに興味のある潜在的顧客に広くアプローチすることが可能であり、店舗から離れた場所の顧客ニーズの掘り起こし、新規顧客開拓に有効であると考えられる。

また、Web サイトで期限付きクーポン券を発行すれば、顧客に来店を促したりサービスを購入したりするインセンティブを与えることができ、早期のマーケティング効果が期待できる。さらに、テレビ・ラジオ広告やチラシでは販売する側が絞り込んだ共通の情報しか入手できないが、O2O では Web サイトのホームページから展開して顧客のニーズに寄り添ったアプローチが可能になる。

Web サイトの利用が一般的になってくると、Web サイトの構成がライバル店や企業と似通ったものになってくることが想定される。そうした場合には、新たにブログを使った商品やサービスの紹介、SNS を使った投稿の拡散、ユーザーにアプリをインストールしてもらってニュース配信やクーポン券を発行するなどの手法を用いて顧客を繋ぎとめる対策を採ることもできる。さらに、オムニチャネル手法を用いることによってさまざまな顧客ニーズに応えてマーケティング力を高めることができる。

(3)　ポスト新型コロナのマーケティングの潮流

新型コロナ感染予防対策によって、対面での買物の機会を極力減らすことが求められた結果、Web サイトで商品やサービスの内容を確認して短時間で買物をし、自宅で商品を受け取る方法への移行が大きく加速された。配送についても、今後 IoT と AI を組み合わせた技術によって迅速で安価な配送システムが開発・導入されていくことが予想される。

また、財やサービスの購入に対する代金の支払いは、インターネット上でクレジットカードやデビットカード、電子マネー、あるいはネットバンキン

グによる支払いが促進され、さらには暗号通貨の利用も今後拡大していくものと考えられる。

　ITの発達と高性能スマーフォンの普及を背景にした一連の新たなマーケティングは、高度経済成長を支えた大量生産・大量消費時代に別れを告げ、オンデマンドの生産・消費時代への移行を促すものであり、工業製品の生産やサービス提供においても顧客のニーズに合わせて行う方式に移行していく。多様な思考とニーズに対応する社会は経済が豊かになってきた証左でもあり、こうした流れは今後も続く。もはや逆戻りすることは考えられない。

5　デジタル通貨への移行

(1)　通貨の現状とイノベーション

　国家の信用の下に流通している法定通貨は、国家が財政破綻しない限り価値が保証されている。

　通貨はモノやサービスとの交換に不可欠な価値交換媒体であるが、紙幣や貨幣には決済情報が記録に残らないため匿名性が高く、マネーロンダリングやテロ資金、脱税目的に利用されることがある。

　また、偽造防止技術の開発を含めて通貨の発行と輸送には多額の費用が掛かり、盗難リスクもある。そのため、EU が 500 ユーロ紙幣の廃止を決定した（2016 年 5 月）ほか、シンガポール、スウェーデン、インドなどでも高額紙幣の発行停止や廃止が行われている。アメリカ、カナダ、オーストラリアでも高額紙幣の廃止を検討しているとされる。

①　デジタル社会の支払い・決済方法

　一方、デジタル社会ではインターネット上での電子商取引が急速に拡大し、クレジットカードやデビットカード、お金をチャージした電子マネーによる支払い、あるいはネットバンキングによる送金が一般的な支払手段になっていく。金融機関や企業もインターネット上で取引の成立から代金支払いを完結できるようにサービスを提供している。これらの支払方法の利用によって現金を持ち運ぶ必要性とリスクから解放され、少額の支払いにも小銭や釣銭を用意する手間から解放される。

　それらの決済方法によって利便性の向上が図られたが、現金による決済では必要のないいくつかの手続や限界がある。すなわち、決済における本人確認や認証手続が必要になり、クレジットカードの与信枠によって決済金額が制限されるケース、金融機関口座に資金があるにもかかわらず特定取引において借入れが発生するケースなど、設定条件を超える場合には追加手続が必

要になる。また、そもそも預金口座を持たない人（学生、子供を含む）は電子的決済を行えない。そこで金融イノベーションが必要になる。

②　イノベーション

通貨のイノベーションの重要性と意義は、今日に至るロンドン金融市場の繁栄からもわかる。第二次世界大戦開戦時にはすでに世界の軍事と経済の覇権はイギリスからアメリカに移っていたが、ロンドン金融市場は今日においてもニューヨーク金融市場と並ぶ国際的市場として世界の金融市場をリードしている。ロンドン金融市場の優位性を維持させてきた重要な要因としてLloyd's 保険市場が再保険を通して世界の保険市場をリードしてきたことと金融イノベーション力の高さがある。金融イノベーションの大きな成功例が、ユーロダラー市場をイングランド銀行の協力の下でロンドンに創設したことである（Column「ユーロマネー」参照）。

(2)　デジタル通貨

デジタル社会の経済取引により即した支払いおよび決済手段として各国が競って検討・開発している金融イノベーションがデジタル通貨である。

デジタル通貨を使えば、たとえ銀行口座を持たなくともスマートフォンさえあれば決済ができる。朝日新聞デジタル版では、2017 年の世界銀行の調査を引用しながら、以下のように記載されている[3]。

> 世界では 17 億人の成人が銀行口座を持たない。……17 億人の内 3 分の 2 が携帯電話を持っており、アプリなどを通じた支払いや貯蓄のサービスが生まれたことで、銀行代わりに使う人が増えている。携帯からの支払い履歴などを通じて信用を図ることができれば、個人や零細企業向けの融資の道も開ける。

3）朝日新聞デジタル（2021 年 3 月 29 日）。

　デジタル通貨は現金よりも管理が容易であり、適切に利用されれば社会問題の解決や経済活動の向上にも重要な役割を果たすことができる。現時点ではさまざまな技術的課題が残っているが、5Gの普及などによって技術的整備も進んでいる。

　中国がCBDC開発で先んじていることを述べたが、他国が指をくわえているわけではない。アメリカのバイデン政権は「暗号通貨」、「ステーブルコイン」、「CBDC」に関する包括的検討を進めるための大統領令を出すなど、検討を加速させている。

　では、デジタル通貨とはどのような通貨なのか。デジタル通貨とは電子的に利用される通貨であり、紙幣や貨幣と同様に財やサービスの購入代金の支払いに充てることができる。デジタル通貨は、以下のように大きく2つの種類に分けられる。

---

① 　中央銀行デジタル通貨（CBDC）

② 　暗号通貨

すなわち、法律に裏付けられ紙幣や貨幣（法定通貨）と同様に中央銀行が発行する法的に価値が保証された中央銀行デジタル通貨（CBDC）と、前述のビットコインなど額面で表示された価値が保証されない（強制運用力のない）暗号通貨がある。

①　中央銀行デジタル通貨（CBDC）

　CBDCは、中央主権的な管理を維持しつつ現在の法定通貨（紙幣、貨幣）の代替として家計や企業に幅広く利用されることを目的（一般目的）としている。

　これにより通貨の利便性の向上はもとより、中央銀行による国内資金の流れの把握が可能になる。また、紙幣や貨幣の匿名性による犯罪・脱税などの問題が軽減されると共に、個人や企業の取引について効率的に情報が中央銀行に記録・蓄積されることになる。

　さらに、ブロックチェーン技術を応用できれば中央銀行と民間金融機関と

の決済（大口目的）にも利用が可能になると考えられる。

　一般目的については、すでにバハマ、ナイジェリア、カンボジアで実験的に導入されている（2022年1月時点）ほか、前述のとおり中国では2020年10月以降に北京、上海などの大都市で試験的導入が行われている。2022年2月の北京オリンピック／パラリンピック会場での支払いにも使用されており、遠からず人民元デジタル通貨が本格的に導入されるものと予想されている。

　一方、金融システムがより複雑なG7諸国においてCBDCの導入実例はない（2022年9月1日時点）。中央銀行がすべての金融の流れを把握することは民主主義の理念とは一致せず、データの商業的利用やプライバシー侵害に対する保護が必要になる。クロスボーダーのマネーロンダリングや犯罪組織への資金供与を防止するための国際基準の設定も必要になる。

　しかしながら、導入によるメリットは大きく、アメリカ、EU、イギリス、日本などの中央銀行で導入に向けた検討が始まっており、スウェーデンでは試験的取組みが始まっている。なお、日本銀行の検討内容についてはホームページ上で紹介されている。

　CBDCが導入されてもスマートフォンを持たない高齢者やデジタル通貨に不安を抱く人が少なからずいるので、すぐに紙幣や貨幣が廃止されるということはないだろう。しかしながら、CBDCの利便性について理解が深まり、通貨と情報の安全性が確保されるようになれば、デジタル社会における中心的な通貨となっていくものと考えられる。

　大口目的にもCBDCが利用できるモデルが開発されれば、グローバルな商取引に大きな変化が起こることが予想される。クロスボーダーの貿易決済に利用が可能になれば、自国の技術によるCBDCを普及・標準化させることで、自国通貨を国際決済通貨としての重要性を高めることができる。中国のデジタル人民元構想は、デジタル人民元を「一帯一路」の貿易決済通貨とすることを足掛かりに人民元をアメリカドルに対抗する基軸通貨にすることにより、中国の経済基盤をより強固なものとすることを目指している。

②　CBDC の今後

　アメリカ、EU、イギリス、日本などの西側諸国の中央銀行が CBDC の検討を急いでいることを述べたが、導入検討を急ぐ背景には中国への対抗上の問題がある。また、同じ陣営や同盟国の CBDC であっても自国で流通して自国通貨を駆逐するような事態になれば、自国通貨を持つことによる財政・経済政策上のさまざまな利点が損なわれかねない。自国通貨を守ることは国家主権と財政・経済運営にかかわる重大な問題であり、自国の CBDC を流通させることが最大の防御になる。

　現時点では CBDC に関する重要課題のすべてがクリアーされているわけではない。しかしながら、デジタル社会の急速な進展によって大口目的に対するブロックチェーン技術の導入などの技術的課題が順次解決されて複雑な金融システムとの親和性が確保されるようになれば、CBDC 導入の可能性が高まっていく。一般目的に限定した CBDC とするか、課題解決に多少の時間が掛かるとしても大口目的にも利用できる CBDC となるかは不明であるが、アメリカや EU などで CBDC の利用が開始されれば日本でも CBDC の導入に踏み切らざるを得なくなる。そうした日が遠からず訪れるものと予想する。

③　暗号通貨

　暗号通貨は、ナカモト・サトシと名乗る正体不明の開発者が 2008 年に公表した集権的な決済システムによらない分散型暗号通貨が始まりとされる。2014 年にビットコインが登場し、今日ではさまざまな種類の暗号通貨がネットワーク上の電子的決済手段として利用が可能になっている。

　日本では、暗号通貨を改正資金決済法[4]によって「特定の商品・サービスの購入に限らず物的な交換性（汎用性）」を有し、「不特定多数の間で相互に交換できる財産的価値（流通性）」であり、電子情報処理組織用いて移転

4）改正資金決済に関する法律（2017 年 4 月 1 日施行）2 条 5 項。

することができる通貨として定義されている。広義の暗号通貨にはゲームで使われる通貨を含むが、本書では、暗号通貨を汎用性と流通性を持つ電子的決済手段とする。

　暗号通貨には強制運用力がないことを述べたが、取引における価値は主要国の法定通貨との変換レートを提示した相対価値を基準とするのが一般的である。暗号通貨には本質的価値はなく、価格のボラティリティが大きい。日本を含む主要国の金融当局は暗号通貨を「暗号資産」と位置付けているが、現時点では通貨としての側面より価格変動による収益を期待する投機対象の金融商品としての側面が大きいことによる。

　ビットコインに続いて世界中でさまざまな暗号通貨の会社・通貨が立ち上げられ、すでに1千を超える通貨が誕生しているとされる。アメリカのデジタル資産金融会社 Bakkt Holdings によれば、2020 年の暗号通貨の時価総額は 1.6 兆ドル（176 兆円）であり、2025 年までに現在（2020 年）の5倍の 3.1 兆ドル（341 兆円）規模に達すると予測している[5]。

　一方、投機資産であるがための不安定性については、アメリカの電気自動車会社のテスラがビットコインの株式を大量に取得し、将来的にはテスラの自動車購入の支払いをビットコインで行うことを可能にするという構想が公表されてビットコインの価値が急速に上昇した[6]。ところが同社のイーロン・マスク CEO がビットコインのマイニングのために石炭を中心とした化石燃料が使われているとツイートする[7]と価格が急激に下落するなど、高いボラティリティの問題を露呈している。

　しかしながら、暗号通貨が投機対象となっていることは通貨としての利用拡大の期待の裏付けでもある。件のイーロン・マスクも、法定紙幣と暗号通

---

5) Bakkt Holdings, Coindesk JAPAN（2021 年 1 月 13 日）ニュース配信。
　https://www.coindeskjapan.com/94969/
6) REUTERS（2021 年 2 月 9 日）。
7) REUTERS（2021 年 5 月 13 日）。

貨の将来性については暗号通貨を支持している[8]。

④　リブラ（ディエム）構想

　暗号通貨の「通貨」としての利用拡大に関する衝撃的なニュースが2019年6月に報道された。アメリカの交流サイトのフェイスブックは自ら暗号通貨「リブラ（その後「ディエム」に名称変更）」を発行する構想を発表した[9]。その衝撃は金融界に止まらず、主要国の金融当局にも及んでいる。

　2019年7月にパリで行われたG7財務相・中央銀行総裁会議において、「『リブラ』が世界で27億人が利用するフェイスブックで用いられた場合、各国の通貨や金融政策への影響、マネーロンダリングやテロ資金に利用される恐れ、国際金融システムの妨害、想定していないリスクの発生など、重大な懸念がある。」と表明している。

　また、フェイスブックが本拠を置くアメリカの議会や政府機関は、それらの懸念に加えてフェイスブックが収集した取引情報や個人情報の不適切利用の排除など、リブラの安全性の担保のための利用の範囲・方法の制限などを認可の条件とした。

　フェイスブックはディエム構想を何度か縮小したが、アメリカ金融当局の反対姿勢は変わらず、シルバーゲートキャピタルに関連資産を売却して構想を放棄した。しかしながら、ディエム構想は、クロスボーダーの支払い・送金にかかわる高額の手数料問題に焦点を当て、ディエムの利用によって手数料が引き下げられることで利用者と金融経済へのメリットがあることを示した。反面、金融機関による本人確認や取引確認などのチェックの手続が省略されることによってマネーロンダリングやテロ資金への流用の可能性が高まる、という懸念を払拭するまでには至らなかった。

8）REUTERS（2021年5月23日）。
9）Facebook（2019年6月18日）プレスリリース。

⑤　暗号通貨の今後

　本質的価値のない暗号通貨を流通させるためには法整備と適切な運用体制の確立が前提になるが、暗号通貨で支払いや決済がデジタルチャネルによって完結することができれば、金融機関、企業、家計などの経済主体は経費を削減することができる。一方、暗号通貨が法定通貨の代替として流用するためには決済インフラを構築・維持するために高額の費用が発生する。しかしながら、ディエムのケースではフェイスブックの利用者の1割が利用するだけでも十分にクリティカルマス（必要最低限の供給量）をクリアーする。また、暗号通貨の価値のボラティリティを軽減する方法として、主要国の通貨に紐付けする「ステーブルコイン」の検討も各国で行われている。

　暗号通貨の将来性は通貨としての側面を高めていけるかが今後の鍵となる。CBDCがどのような形で導入されるかによっても影響を受けるが、デジタル社会の主要な支払手段の一つとして発達していく可能性がある。

6　キャッシュレス決済

(1)　社会環境の変化

　デジタル通貨の将来性については、社会環境の変化が大いに関係する。日本政府は、2019年10月に消費税が8％から10％に引き上げた際、景気の冷込み懸念の払拭策としてキャッシュレス・ポイント還元制度導入し、小売り・飲食・サービス業などにポイント還元制度に参加するように促している。

　具体的には、対象店舗で2019年10月から2020年6月までの間にクレジットカード、デビットカード、電子マネー、QRコード決済（スマートフォンに専用アプリをダウンロードして支払い）を使って代金を支払うと最大5％のポイント還元が受けられるようにしている。

①　銀行ATMの減少

　銀行の経営戦略もデジタル社会の到来に合わせて大きく変化している。高度経済成長期の銀行の戦略はどんどん新規出店を行って新規顧客を開拓し、現金自動預け払い機（ATM）についても積極的に設置するということであったが、今日では真逆の戦略が採られている。

　以下は各銀行が発表した情報による。

●三菱UFJ銀行
「窓口ですべての業務ができる店舗数を2023年までに2017年対比で約40％に当たる約200店舗を削減する。ただし、窓口数や取扱事務を減らした軽量店舗を130-140店舗拡充する」（2020年5月20日発表）。
●三井住友銀行
「約400ある拠点数を維持しながらも2022年度までに300店舗を個人コンサルティング業務に特化した軽量店舗に切り替えて事業効率の向上を図る」（2020年5月19日発表）。
●みずほファイナンシャルグループ

> 「みずほ銀行及び証券・信託銀行を含めた国内の拠点数を 2017 年対比で 130 減らして 2021 年度に 370 拠点にする」（2020 年 5 月 15 日発表）。
> など

　また、主要銀行が次々に ATM の設置個所の見直しやコンビニの ATM への切替えを進めているほか、三菱 UFJ 銀行と三井住友銀行は 2019 年 9 月 22 日より店舗外 ATM の相互利用を開始している。

　さらに、預金通帳を有料化して預金者にネットバンキングへの移行を促すなど、デジタル化による経費削減に向けた取組みが進められている。

　野村総研によれば、現金決済インフラを維持するために年間 1.6 兆円を超える直接費用が生じており、社会の効率性を高めていくにはキャッシュレス決済への移行を図ることが重要になる[10]。

②　キャッシュレス決済の現状

　キャッシュレス決済にはプリペイドカード、デビットカード、クレジットカードによる決済が含まれ、日本でも大型店舗のみならず多くの中小店舗や飲食店でも利用することができる。また、電子商取引においてもクレジットカード決済が広く利用されている。

　しかしながら、日本のキャッシュレス決済比率は 29.7％（2018 年）にすぎず、主要国の中ではドイツに次いで低い[11]（次頁**図表 4**）。こうした状況に対して経済産業省は、「キャッシュレス決済の利用率を 2025 年までに 4 割程度、将来的には 80％を目指す」としている。

　今回の新型コロナパンデミックを機に、スマートフォン決済（QR コード）、非接触型 IC を付帯したクレジットカード、暗号通貨、銀行のインター

10）経済産業省（野村総合研究所受託）「平成 29 年度産業経済研究委託事業（我が国におけるFinTech 普及に向けた環境整備に関する調査研究）」。

11）経済産業省商務・サービスグループキャッシュレス推進室「キャッシュレスの現状及び意義」（2020 年 1 月）。

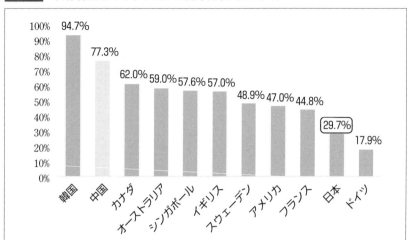

図表4　世界各国のキャッシュレス比率比較（2018年）

出典：「キャッシュレス・ロードマップ2021」経済産業省商務・サービスグループキャッシュ
　　　レス推進室「中間整理を踏まえ、令和３年度検討会で議論いただきたい点」（2021
　　　年8月27日）より抜粋。

ネットバンキングなどの利用を加速させ、キャッシュレス決済の利用範囲の
拡大が急がれている。キャッシュレス決済の範囲拡大はCBDC導入の環境
整備の一助となり、日本が観光立国を目指すうえでも重要である。

(2)　CBCD「円」

　デジタル社会は否応なしに進展する。日本経済の現在の立ち位置を考えれ
ば、日本が先んじてCBDC「円」を導入してもアメリカドルや中国人民元、
あるいはユーロに対して優位に立つことは至難であろう。一方、手をこまね
いていれば日本国内でドル、ユーロ、人民元建てのデジタル通貨が流通する
事態にもなりかねず、日本がデジタル円の導入で世界に遅れを取ることは許
されない。
　また、暗号通貨に対する主要国政府の姿勢にも変化がみられる。ディエム
構想に対して2019年当時のG7は構想に否定的であったが、前述のとおり、

2022年にはアメリカのバイデン政権がCBDCを含むデジタル通貨の導入検討を加速するように号令を発している。日本も暗号通貨の価値のボラティリティの軽減とステーブルコインの技術開発、CBDCの流通のための法整備、通貨と情報の安全性の確保などの環境整備を急ぐべきである。あわよくば、日本の金融イノベーションを世界基準にしてクロスボーダーの財やサービス購入の決済・支払いに利用されることを期待する。

(3)　変化に乗り遅れて後退した日本産業
①　高度経済成長を支えた日本の主力産業

日本はかつて鉄鋼、造船、自動車、家電などの産業で世界をリードし、最先端の半導体やロボット技術でも世界をリードしてきたが、もはや自動車を除いて栄光は過去のものとなっている。

家電技術は1980年代の日米経済摩擦の決着として韓国企業に提供され、次いで中国、台湾企業にも多くの事業が売却され、その後のデジタル技術開発で遅れを取ってしまった。

パソコン事業からも撤退が相次ぎ、アメリカ資本と中国資本がマーケットを支配している。スマートフォン開発競争では、iモードの携帯電話にこだわって世界基準から取り残されてガラパゴスと揶揄された。

②　リチウムイオン電池とソーラーパネル

さらに残念なことは、日本が技術開発と量産で世界をリードしたリチウムイオン二次電池（LIB）でも同様なことが起こっていることである。LIBは、PC、スマートフォン、EVなどのデジタル社会とデジタル機器の不可欠な技術であり製品である。1980年代中頃に旭化成工業が基礎研究を進め、同社で開発を行った吉野彰博士は2019年にノーベル化学賞を受賞している。また、1991年にはソニーが量産を行ったが、今日では中国と韓国企業に市場を奪われてしまっている。ソーラーパネルについても、日本は長らく世界をリードし2000年代半ばまで世界の約5割以上を生産していたが、今日では

中国が世界シェアの約７割を生産している。

③　電気自動車（EV）

　日本の自動車産業はエンジン性能と安全性能の高さから優位性を維持し、EVについても日本の三菱自動車（2009年）と日産自動車（リーフ、2010年）が先行したが大きな動きには結び付かず、EVへの転換では遅れを取ってしまった。2003年にアメリカで設立されたEVメーカーのテスラの2021年12月30日時点の時価総額は１兆900億ドルになっているが、時価総額で自動車メーカー第２位のトヨタ自動車の2,547億ドルの４倍にもなる。

　自動運転技術ではIT企業も技術開発競争に参入を開始しており、今後さらに競争の激化が予想される。EVはガソリン車に比べて仕組みが簡単で部品供給のサプライチェーンが単純化されることから新興メーカーの参入が容易であり、中国のEVメーカーの躍進も目覚ましい。

　最先端半導体や電池、ロボット技術で日本が圧倒的優位を誇っていたのは過去の話。優れたガソリン自動車を製造するために築き上げた複雑なサプライチェーンを放棄することに逡巡する日本の自動車メーカーの優位性は揺らいでいる。

　なお、2021年の世界の自動車販売台数ではトヨタ自動車が約1,050万台を販売しているのに対してテスラは約94万台にすぎないが、EVに限定すればテスラが世界最大の自動車メーカーである。

④　失われた30年

　世界の産業は、グリーンエネルギー技術と共にデジタル社会に不可欠な5G、6G、IoT、AI、EV、ドローン、ナノ技術などの開発競争に移行しているが、アメリカと中国のG2の競争となっている。新型コロナパンデミックで、日本の治療薬、ワクチン開発力が世界から大きく遅れを取っていることが明らかになったが、先端産業技術においても同様なことが起こっている。日本が遅れを取った要因として、失われた30年の間、日本の経済政策が中

小企業の経営維持と所得格差不拡大に気をとられ、先端技術の開発や技術者の育成のための投資を怠ったことにある。その間にアメリカには差を広げられ中国には追い越されてしまった。

　キャッシュレス決済とデジタル通貨についても日本は周回遅れからの取組みとなる。明治維新ではイギリスの産業革命からの100年分の遅れを30年ほどで追いついたが、デジタル社会への移行においても明治維新の時のように一気に遅れを取り戻す不退転の覚悟が必要になる。

⑤　日本再浮上に向けて

　アメリカや中国と同じ土俵で技術開発と価格競争力のあるデジタル技術開発競争をするには、政府の大規模な財政支援と民間資本を積極的に呼び込むための優遇税制と規制緩和が必要になる。一方、投下資本規模が大きくなるにつれて、災害や事故、さらには事業中断などの不測の事態における損害額の高額化が予想される。投下資本と収益性の安定のために保険の大幅な利用拡大が必要になる。そのためには、保険市場は自己資本の拡充と再保険の利用拡大による引受能力の拡充に努める必要があるが、この問題については次章以降において説明する。

Column　ユーロマネー

　ユーロマネーの誕生は、東西冷戦時代の1950年代に登場したユーロダラー市場に遡る。ユーロダラー市場はユーロカレンシー市場に発展し、ユーロポンドやユーロユーロ、ユーロ円などもある。ユーロカレンシーは、ヨーロッパの金融市場で取引される通貨主権国の管理が及ばない通貨であり、ユーロダラーはアメリカではなくロンドン市場を中心としたヨーロッパの金融市場で取引されるアメリカドル資金である。

　ユーロカレンシー市場の大きな発展は1971年のニクソンショックによって訪れる。第二次世界大戦後の世界的な経済成長と貿易量の拡大に伴ってアメリ

カドルが海外に流出し、アメリカの金の保有量が減少を続けた。リチャード・ニクソン大統領は金の保有量の減少に歯止めを掛けるべく、ドルと金との兌換を一時停止した。いわゆるニクソンショックによって国際的な銀行間取引に用いる最重要国際通貨であるアメリカドルが不足し、ドル不足を補うためにユーロダラーが使用されるようになる。通貨体制、ニクソンショックによってブレトンウッズ体制による金本位制から変動相場制に移行し、通貨は投機の対象ともなる。すなわち、世界の圧倒的経済覇権国であるアメリカが保証できる通貨量を大きく上回って世界の貿易量が拡大したために新しい通貨を創出する必要が生じていた。

　ユーロカレンシーは通貨の主権国の規制を受けない通貨であるが、その資金供給や市場形成にはイングランド銀行が深く関与している。債券市場も発達し、規制を受けない自由な資金移動と無担保、低金利などの特徴によって国際金融で重要な役割を果たしている。その中心的市場であるロンドン金融市場は、経済覇権がアメリカに移行した後もニューヨーク市場と並ぶ国際的金融市場である。ロンドン市場はユーロカレンシーの流通を支え、ユーロカレンシーがロンドン市場の隆盛を支える重要な要因の一つとなっている。

　ただし、ユーロカレンシーの運用は平時には安定性と収益性の双方を重んじた運用が行われるが、経済危機や国際関係が緊張する状況ではしばしば投機の温床となって通貨不安を招くことがある。ユーロカレンシーはまた、オフショア市場の銀行間取引のための通貨であり、家計の財やサービスの購入決済・代金の支払いには使えない。

　※本章において、通貨イノベーションの重要性と意義についてロンドン市場のユーロ
　　マネーを例に挙げた。ユーロマネーは、国家の信用供与のない通貨として 70 年以
　　上前に誕生している。ロンドン市場を中心に今日においても広く使用され、グロー
　　バル経済を支えている。参考までに紹介する。

第3章

余裕が消えた国家財政

1　災害と政府の責任

(1)　「自助」、「共助」、「公助」

　事故や災害によって住居、工場、店舗、オフィスなどが被害を受ければ、復旧費用と復旧までの毎日の費用が発生する。収入がなくなっても契約済みの原材料費の支払い、ローンの返済、従業員の給与（生活費）、税金の支払いなどはなくならない。車両をなくした場合にも代替の車が必要になる。それらの費用は被害にあった企業や家計などの経済主体が自ら負担し、貯蓄の取崩しやローンの借入れ、保険契約からの保険金の支払いなどによる「自助」が基本となる。

　次に、一家の働き手を失った場合や建物などへの被害が大きく「自助」だけでは生活を維持できない場合、あるいは短期間に復旧できない場合、地域住民や親類・縁者などが助け合う「共助」が行われる。道路や用水路、堤防などが損傷した場合、除雪作業なども地域住民が助け合って行われる。そして、「自助」と「共助」によっても復旧できない大規模な災害には、政府の災害派遣による被災者の救済や復旧作業、生活支援、企業に対する事業継続支援などの「公助」が実施される。

(2)　自然災害

　日本は世界有数の地震国であり、過去に何度も大地震と大津波に襲われたことが歴史書や地層に残された痕跡からわかっている。直近の 100 年間においても 1923 年の関東大震災、1995 年の阪神・淡路大震災を経験し、2011 年 3 月 11 日の東日本大震災では大きな揺れと大津波が東日本の東北から北関東に至る 500 km に及ぶ沿岸地域を襲い、多くの尊い人命が奪われ、津波に襲われた地域は壊滅的な被害を受けた。

　また、南太平洋で発生する台風の約 4 割が毎年日本列島の 300 km 以内に接近し、約 3 個が上陸する。急峻な山岳地帯から海に一気に流れ出る川幅の

狭い河川は大雨によってたびたび氾濫し、沿岸部は高波に襲われて洪水を起こす気象災害国でもある。昭和年間は大型の気象災害が相次いでいる。室戸台風（1934年）、枕崎台風（1945年）、伊勢湾台風（1959年）は昭和の3大台風とされ、強風と大雨・高波・洪水によって甚大な被害を出している（第5章参照）。

(3) 政府の責任

　古来より統治者の重要な責任は、地震・津波、台風・高潮、洪水などの災害によって奪われる人命、家屋や建物、田畑などへの被害を最小限にし、怪我人や働き手を失った家族に住む家や食料を配給し、損傷した堤防や道路・橋などのインフラを復旧させ、できるだけ早く経済活動を元に戻すことである。統治者が天皇と貴族、地方の有力者、武士から今日の政治体制に代わっても統治者の基本的な役割は同じであり、今回の新型コロナの感染拡大防止と経済活動、国民生活の維持についても、政府は国民に対して同様な責務を負っている。

① 赤字国債の財源

　政府支援の財源は国民の税金によって賄われる。第二次世界大戦後の世界的好景気の中で日本は最高の優等生として高度経済成長を実現した。国民所得は毎年大きく伸び日本企業も鉄鋼、船舶、家電、自動車を中心に世界をリードし、金融機関も世界の上位に名を連ねた。好調な経済と労働人口の増加によって政府の税収も伸び、大規模な公共事業投資を中心に財政規模が拡大されていった。

　それでも財政運営は楽ではなかった。3K（国鉄、健康保険、米（＝生産者米価）の頭文字）の巨額赤字が重くのしかかって1975年以降はほぼ毎年のように赤字国債を発行し、赤字国債の発行によって税収不足を補う体質が常態化する。また、少子高齢化社会の到来によって高度経済成長期に制度設計した社会保障制度の支出が急速に増大する一方、1990年代初頭の不動産・株バ

ブルの崩壊とその後の 30 年に及ぶ長期の経済スランプによって税収が伸び
ず、政府財政は恒常的に高額の赤字国債発行に大きく依存するようになって
いく。

②　予算外の災害関連支出

　高度経済成長期には鳴りを潜めていた大型の自然災害が 1990 年頃から散
発的に発生するようになり、1991 年台風 19 号（リンゴ台風）、1995 年阪神・
淡路大震災などでは大きな人的・経済的被害が発生している。そして、2011
年に東日本大震災が起こり、最近は毎年のように大型の気象災害や地震が起
こっている。日本の防災は世界最高水準であるといわれるが、それでも大規
模な自然災害が起これば多くの人命が奪われ、甚大な経済被害が発生する。
そのたびに政府は被災者の支援と損壊した社会インフラの回復、経済復興な
どの目的で多額の出費を余儀なくされる。

　東日本大震災では総額 38 兆 905 億円（2020 年までの 10 年間の累計）が復
興のために支出され、新型コロナ関連の財政支出は、2020 年度：77 兆円、
2021 年度：46 兆円に達し、2022 年度も 5 兆円の支出を見込んでいる。

③　日本の財政状況

　日本の財政規模は 107.6 兆円（2022 年度一般会計）であるが、歳入の内訳を
見ると税収は 60.6 ％、税収外収入が 5.1 ％であり、残りの 34.3 ％は国債発行
による。歳出における国債費は 22.6 ％であり、これを考慮しても 11.7 ％（約
12.6 兆円）が子・孫世代への新たな借金となる。社会保障費はこれからもし
ばらくは毎年増加していくが、すでに人口は減少に転じ、世界経済が低成長
基調に移行した中で日本が経済回復するとしても大幅な税収増は見込めない。

　こうした財政状況の下で、将来の大規模災害や経済危機、パンデミックな
どに対してこれまでどおりの「公助」を実施できるかについて大きな疑問符
を付けざるを得ない。

2 主要国と日本の財政事情

(1) 日本の新型コロナ関連の財政支出

　日本政府は新型コロナ対応のために 2020 年度に 3 度の補正予算を組み、前述のとおり 77 兆円を支出している。

　検査・医療体制の拡充費用に加えて、感染拡大によって大きな影響を受けた幅広い業種の中小法人・個人事業者に対する持続化給付金、家賃支援給付金、時短要請を受け入れた飲食店への補償金、国民 1 人当たり 10 万円を給付、「Go To トラベル・イート」キャンペーンなどさまざまな経済支援策を実施している。配布が遅れて不評を買ったアベノマスクでも約 260 億円を支出している。また、企業や商店、個人に対して無担保融資も行っている。

　その結果、2020 年度の当初の一般会計規模 102.7 兆円は 175.7 兆円にまで歳出が膨らんだ。一方、歳入は企業業績の悪化などを背景に年初予算より税収が 8 兆円余りショートして 55 兆 1,250 億円に減少している。

　歳出の拡大と税収の落込みに伴い、新規国債発行額は 112 兆円に達した。これまではリーマンショック後の 2009 年の新規国債発行額が 51 兆円余りで最大だった（後述）が、新型コロナ対応による新規国債発行額はその 2 倍以上になった。

　2021 年度一般会計予算は、税収が前年度当初予算より 6 兆円以上落ち込んで 57.4 兆円に減少するにもかかわらず、新型コロナ対策のために予備費を 5 兆円計上したほか、社会保障費と防衛費の拡大もあり 106 兆 6,097 億円に拡大した。ところが、新型コロナは終息せず 35 兆 9,895 億円の補正予算を組んで 142.5 兆円にまで歳出が膨らんだ。

　歳入不足を補うため、国債発行額は年初予算の 43 兆 5,970 億円に 22 兆 580 億円を追加して 65 兆円を超える。その結果、2021 年度末の普通国債残高は 1,000 兆円の大台を超えて 1,004 兆円に達し、2022 年度には 1,026 兆円に膨らむ見込みである（詳細は後述する）。

(2)　日本の財政状況の推移

　日本の財政について、一般会計の歳入・歳出の推移を見ればその厳しい状況がわかる。**図表１**は、財務省による1975年度以降の一般会計における歳入・歳出を説明したグラフである。

①　ワニの口

　日本の税収は歳出に対して恒常的に不足しているが、1990年頃から収支のバランスがワニの口のように大きく広がっていっている。

　歳出の増加は、少子高齢化の進展に伴う社会保障費の増大が最大の要因となっているが、より重大な問題は、不動産・株バブル崩壊を契機に始まった長期の経済スランプによって税収が横ばいからさらに落ち込んだことである。

　税収不足を補うため、1989年4月に消費税が税率3％で導入され、以降1997年4月に5％、2014年4月に8％、2020年10月に10％に引き上げられているが、消費税率の引上げの際に所得税やその他の税の減税が行われてた

図表1　一般会計の歳出・歳入の推移

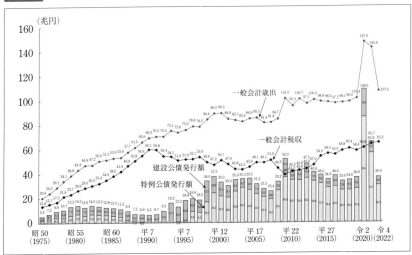

出典：「一般会計税収、歳出総額及び公債発行額の推移」財務省「財政に関する資料」。

ため、税収入の伸びは鈍い。

②　30年にわたった経済スランプ

税収について当てが外れた理由は30年にも及んだ長期の経済スランプであるが、日本の状況は世界的にみても特異である。バブル経済崩壊の反動から数年間経済活動が低下することは世界的にもよくあるが、日本のようにその期間が30年にも及んだ例は近年の主要国には見当たらない。

バブル経済が崩壊した1991年と2021年を比較すると、世界全体では新興国の目覚ましい成長に引っ張られてGDPは4.1倍（IMF、名目）に拡大しており、日本以上に経済が成熟しているアメリカのGDPも3.7倍に拡大している。一方、日本のGDPは人口増加が止まったとはいえ、1.3倍になったにすぎない。

(3)　G7の財政状況
①　債務残高比率

原因はともあれ、日本の財政状況について正しく認識する必要がある。図表2（次頁）は2004年以降のG7諸国のGDP対比の債務残高率の推移を比較したグラフである。

日本の債務残高率はグラフの起点である2004年時点ですでに突出して高いが、2008年のリーマンショック、2011年の東日本大震災対策などで他の主要国との差が広がっている。2021年の債務残高は新型コロナ対策関連支出で赤字幅がさらに拡大し、GDP対比で256.9％に達している。他のG7諸国も新型コロナ対策のために国債の追加発行を行って債務残高が上昇しているが、財政危機が叫ばれているイタリアでも154.8％である。財政の健全性の回復が喫緊の課題とされているアメリカが133.3％であり、日本の債務残高率はアメリカの2倍近くになっている。

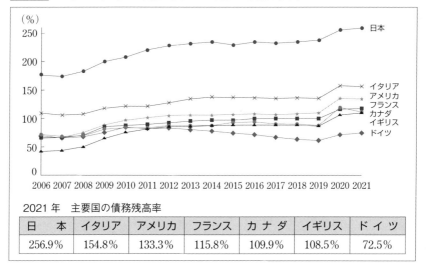

図表2　主要国（G7）の債務残高 GDP 対比と債務残高率

2021年　主要国の債務残高率

日　　本	イタリア	アメリカ	フランス	カ ナ ダ	イギリス	ド イ ツ
256.9%	154.8%	133.3%	115.8%	109.9%	108.5%	72.5%

出典：財務省主計局「我が国の財政事情（令和4年度予算政府案」。

データ出所：IMF "World Economic Outlook Database（2021 年 10 月）。

図表3　G7 諸国の国債信用格付け比較（2022 年 9 月 1 日時点）

G7	S&P	Fitch	Moody's
フランス	AA	AA	Aa2
アメリカ	AA+	AAA	Aaa
イギリス	AA	AA	Aa1
ド イ ツ	AAA	AAA	Aaa
日　　本	A+	A	A1
イタリア	BBB-	BBB+	Baa2
カ ナ ダ	AAA	AAA	Aaa

②　国債の信用格付け

財政の健全性は、国債の信用格付けに反映される。

図表3は、世界的信用格付機関である S&P、Fitch、Moody's による G7
諸国の国債の信用格付けを一覧にしたものである。

　新型コロナ関連の経済対策は、財政支出と減税による景気刺激策などが各国の事情によって組み合わせられるので、国家財政に対する負担増を単純比較することは難しい。しかしながら、GDP に対する支出額の割合で見た場合、日本の支出額がアメリカイギリスより小さいものの、ドイツ、フランスより多い。すなわち、日本の新型コロナ関連の支出は先進国の中では中間的であった。

　債務残高と国際信用格付けの比較をみると日本はイタリアに次いで低い評価であり、日本の財政状態はずいぶん前から厳しい状況にあったが、新型コロナでさらに無理をして巨額支出したことがわかる。

③　財政規律回復の基本方針と現実

　財政健全化、あるいはさらなる悪化を防ぐためにプライマリーバランスを「ゼロ」にすることの必要性については景気回復の兆しがみえた際に何度か国政の場で取り上げられてきたが、景気回復がなかなか軌道に乗らなかったことからこれまで財政健全化に着手されることはなかった。しかしながら、国家財政に余裕がなくなっていることはすでに政策にも表れている。2011年の東日本大震災の復興予算の財源捻出ではすでに財政上のやりくりの限界を超え、長期間に及ぶ住民税と所得税の増税に及んでいる（後記３(2)参照）。

(4)　日本のへそくり

①　金融資産と外貨準備高

　政府が自国通貨で国債を発行し、大部分を国内消化している限り国民の金融資産のタコ足食いであるから債務残高が金融資産総額を超えなければ財政破綻は起こらない、という理屈はそのとおりだろう。日本の家計金融資産総額は 2021 年 12 月末で 2,023 兆円あり、対外純資産は 411 兆円で 32 年間連続で世界一を保っている。外貨準備高も 1 兆 3,907 億ドルと中国に次いで世界第 2 位の高水準である。また、日本「円」は他国通貨と自由に交換ができる基軸通貨の一つであり、日本国債のデフォルトが心配される事態でもない。

　しかしながら、債務残高が GDP の 2.5 倍を超える状況は戦時の状態に近く、世界経済の覇権国であり圧倒的な貿易基軸通貨「ドル」を有するアメリカの 2 倍近くになっているという事態の厳しさを真剣に考えるべきである。財政危機を煽るつもりはないが、早急に財政健全化に向けて抜本的な手を打たなければ将来の大規模災害やパンデミック、経済危機などに対して大旦な財政出動する余力がなくなってしまう。

②　日本企業の内部留保金

　財務省によれば、2020 年度末の日本企業の利益剰余金（内部留保金）は 484 兆 3,648 億円に達しており、日本の GDP（2020 年：535.5 兆円）の 9 割に相当する。ゼロ金利政策によって長期金利が過去最低水準に張り付いたままで物価や賃金水準も横ばいを続け、国内消費が冷え込んでいるので企業が設備の更新や新規事業のための投資に慎重になり、ひたすら利益を貯めこんできた。新たな投資によってお金が動かなければ景気浮揚には繋がらない。

　では、塩漬けになっている企業の内部留保金を税金という形で国家が吸い上げることができるかというとそれをすべきではない。日本企業の内部留保金は国内消費の冷込みによって設備投資を控えているために生じた剰余金であり、基本的には将来に向けた投資資金である。また、内部留保金は想定外の経済不況や災害に対しては保険の役割を果たしており、それに手を出そうとすれば、多くの企業が日本を離れて海外に納税地を移すことも考えられる。どこをみても日本の財政は次に大きな災害が起きても振る袖がなく、お金を汲み上げられる井戸もない。

数年に一度は起こる「想定外」の出来事と財政支出

　政府が高額の支出を余儀なくされた「想定外」の事象がたびたび起こっていることを述べてきたが、年号が昭和から平成に変わった1989年以降に政府が大型の財政支援を行った大規模事象を拾い上げてみたい。

(1)　想定外の出来事

　想定外の出来事として、30年余りの間に以下のように、少なくとも5回の重大事象が起きている。

①	1990年代初頭の不動産・株バブルの崩壊
②	1995年の阪神・淡路大震災
③	2008年のリーマンショック
④	2011年の東日本大震災
⑤	2020～2022年の新型コロナパンデミック

　加えて、近年では大型の気象災害の発生頻度が高くなっている。

　2018年の西日本豪雨、同年に近畿地方を暴風と高波を襲い関西国際空港が浸水した台風21号。2019年に関東・甲信越地方の広い範囲を暴風と豪雨が襲い、長野市にある新幹線車両センターで北陸新幹線10編成が水没、千葉県では大規模停電を引き起こした台風19号。2020年7月には熊本豪雨が発生している。

　それらの災害を含めるとほぼ毎年大きな災害が発生し、被災者救援と生活支援、復旧のために高額の財政出動が行われている。

(2)　貯蓄制度のない国家財政

　大規模災害や経済危機に対して家計や企業があらかじめお金を積み立て、復旧資金の相当部分を預貯金や準備金から賄うことができれば問題の重大化を回避できる。不足分に保険を購入していれば万全となる。

　一方、国家財政には準備金制度がなく、財政破綻しない前提なので政府が保険を購入することもない。一般会計の予備費は通常数千億円程度（2022年度の新型コロナ対策のための5兆円は異例）であり、それを大きく上回る財政出動が必要になる場合には補正予算を組んで国債を追加発行するしかない。

　前述のとおり、日本の財政はすでに赤字国債に大きく依存する状況になっており、国債の追加発行については慎重であるべきである。ところが、実際には数年に一度は予備費を上回る高額支出を余儀なくされる事象が起こっている。数年に一度「想定外」の事象が発生するのなら、数年に一度は数十兆円の財政出動を伴う事象が起こるということを織り込んだ財政制度に改める必要があるのではなかろうか。

4 「想定外」の事象と財政支出

　想定外の事象が日本の財政に与えた影響の大きさについて、「リーマンショック」、「東日本大震災」、「新型コロナパンデミック」の3つの事象を取り上げて説明する。

(1)　リーマンショック
①　リーマンショックの発生

　1990年代初頭の不動産・株バブルの崩壊によって経済不況が発生して長期化する。日本政府と日本銀行はさまざまな景気刺激策を行ってようやく長いトンネルを抜け出そうとしていた2008年の秋、アメリカ発の世界的金融危機が日本を襲った。アメリカの大手投資銀行のリーマン・ブラザーズが住宅サブプライムローン債権の焦付きによって突然経営破綻するというセンセーショナルな出来事が起き、瞬く間に世界的な経済危機に発展する。

　なお、リーマンショックは日本での呼び名であり、世界的には "the 2018 financial crisis"、あるいは "the global financial crisis" などの呼び方が一般的である。

　リーマン・ブラザーズの経営破綻は負債総額約6,000億ドル（約66兆円）と巨額であり、さらに、同様な問題から最大手の投資銀行であるメリルリンチがバンク・オブ・アメリカによって救済買収され、アメリカ最大の保険会社AIGが経営破綻危機に陥って一時国有化されるなど、住宅サブプライムローン債権の焦付きの重大性が明らかになる。

　その結果、急速な信用収縮が発生して世界中に連鎖し、ヨーロッパではアイスランドが実質的に財政破綻し、スペインも財政危機に陥った。続いて、翌年の2009年10月にギリシャの財政赤字の粉飾が明らかにされると事態は2010年のユーロ危機にまで発展した。影響はNIS諸国（1991年以前のソビエト連邦および構成共和国であった地域）やアジアにも及び、瞬く間に世界的経

済危機に発展した。

②　日本への波及

　日本の金融機関は、バブル経済の崩壊以降長引く不況の影響からアメリカ
の住宅サブプライムローン関連の CDS などの金融商品の引受けは限定的で
あり、日本への直接的ダメージは大きくなかった。そのため、当初は日本の
状況については楽観視されていたが、そうではなかった。アメリカ経済と密
接に結び付いている日本の輸出産業がアメリカ市場の消費の冷込みとドルの
下落によって実体経済に大きなダメージを受け、「失われた 20 年」が「失わ
れた 30 年」に延びてしまった。

　中国をはじめとしたアジア向けの輸出も落ち込み、日本の実質 GDP は
2008 年が前年比 − 0.5％、2009 年は − 2.6％の落込みとなった。日本政府は、
2008 年 10 月から 2010 年 10 月にかけて 5 回の補正予算を組み、総額 42.7 兆
円の財政出動を行っている。その結果、2009 年度の新規国債発行額は 51 兆
円を超え、民間金融機関が引受けに応じている。また、日本はバブル経済崩
壊後の不況の打開策として 1999 年にゼロ金利政策を導入して大胆な金融緩
和を行っている。その後、IT バブルによって 2000 年に一旦解除したが、翌
年の 2001 年に復活している。2006 年に再び解除されたが、2008 年 12 月に
アメリカがゼロ金利政策を導入すると日本も無担保コール翌日物金利の誘導
目標を 0.1％に設定して再びゼロ金利政策を導入し、FRB をはじめとした諸
外国の中央銀行と強調して流動性供給を行っている。

　中小企業の資金調達に関する制度の見直しも行われており、中小企業金融
円滑化法（中小企業者等に対する金融の円滑化を図るための臨時措置に関する法
律）（2009 年）を制定し、財務基盤が脆弱で資金調達が必要な中小企業が金
銭債務の支払いについて、一定期間の返済猶予を得られるように措置を講じ
ている。

図表4　一般会計の歳出の推移

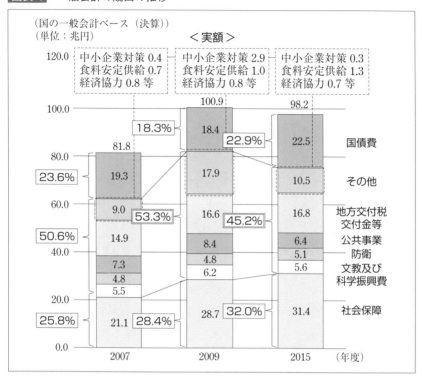

出典：財務省「リーマンショック後の米・英の財政状況」より抜粋。

③　財政支出

　政府の対応は一般会計の歳出金額にも表れている。**図表4**は、日本の一般会計の歳出を、リーマンショックの前の2007年、リーマンショック対策が行われた2009年、第二次・第三次安倍晋三内閣のアベノミクスによってデフレ状態から抜け出した2015年を比較した資料である。

　歳出が2007年から2009年にかけて81.8兆円から100.9兆円に伸びているが、最大の要因は社会保障費の増額7.6兆円である。それに次いで、点線で囲まれた「その他」の支出が8.9兆円増えており、内訳を見ると中小企業対策費が2.5兆円増額されて2.9兆円となっている。デフレから脱却した2015

年には中小企業対策費が 3,000 億円に減額されているので、中小企業に的を
絞った政府の財政出動が行われていたことがわかる。また、公共事業費が
7.3 兆円（2007 年）から 8.4 兆円（2009 年）に増額されているが、雇用確保と
景気刺激策の一環である。

④　日本の金融市場への影響

　日本政府（麻生太郎内閣）は、補正予算を組むにあたってリーマンショッ
クを 1929 年のニューヨーク株式市場の大暴落（大恐慌）に次ぐ深刻な経済
危機であり、「100 年に一度」、「未曾有」の経済危機であるとして巨額の財
政出動を行っている。

　当時、緊急の経済対策が必要だったことに異論はないが、日本における経
済危機の規模として「100 年に一度」、「未曾有」はいささか大袈裟である。
1990 年代初頭の不動産・株バブルの崩壊と失われた 30 年が日本経済に与え
たダメージはリーマンショックを大きく超える規模であった。

　1989 年末に 3 万 8,915 円 87 銭の最高値を付けた日経平均株価は、翌年に
は 2 万 3,848 円 71 銭まで急落してその後も低迷を続け、2003 年 4 月 28 日に
は 7,607 円 88 銭まで下落した。株式時価総額の減少は 400 兆円弱、不動産
の棄損は 1,100 兆円を超えた。景気低迷の長期化によって、北海道拓殖銀
行、日本長期信用銀行、日本債権信用銀行、当時の 4 大証券の一角とされた
山一證券、三洋証券など、銀行、証券会社、保険会社の経営破綻が相次いだ。

　また、後述する新型コロナパンデミックによる経済不況もリーマンショッ
ク不況を大きく上回っている。42.7 兆円の財政出動を行ったリーマンショッ
ク規模の経済危機は数十年に一度は起こると考えるべきである。なお、リー
マンショック後の 2008 年 10 月 27 日に日経平均株価は 7,162 円 90 銭まで下
落したが、下落幅はバブル経済崩壊期と比較すれば小さい。

(2) 東日本大震災

① 「3.11」の衝撃

2011年3月11日に東北から北関東の沿岸部を中心に大きな揺れと大津波が襲い、1万8,000人を超える尊い命（死者・行方不明者の合計）が奪われた。また、多くの人々が住む家を奪われ、全壊住宅は約12万2,000棟、避難者は最大47万人に達する戦後最大の惨事となった。大津波が沿岸部の街や田畑を呑み込む様子がテレビやインターネット上で繰り返し流され、衝撃の大きさからアメリカの同時多発テロの「9.11」に倣って日本では「3.11」とも呼ばれる。

東日本大震災についても「想定外」、「未曾有」という言葉がよく用いられた。その理由は、被災地域が余りにも広く、また被害状況が凄まじかったことによる。三陸沖は地震の多発地帯であり、北アメリカプレートと太平洋プレートの境界で生じた歪が開放するために地震が発生することはわかっていた。しかしながら、震源域が南北500km、東西200kmにも及ぶ大地震は地震学者の想定を超えていた。

震源域が広くなれば地震エネルギーも大きくなる。東日本大震災の地震規模はモーメントマグニチュード（Mw）9.0に達し、津波の波高は場所によって10mを超え、最大遡上高は40.1mに達した。東日本大震災の津波は「千年に一度」ともたとえられたが、歴史書や地層の痕跡から比較しうる大津波は平安時代前期の貞観11（869）年に発生した貞観地震にまで遡らなければならないためそのような表現がされた。

ところが、三陸沿岸を中心に東関東の沿岸部に築かれた防潮堤は、千年に一度の津波を想定していなかったために多くの尊い命と街や工場地帯、田畑を守れなかった。地層などに残された痕跡から貞観地震の津波の規模が解明されていたにもかかわらず、防災の基準となっていなかったことは痛恨であった。

②　経済損害額

経済被害額については、内閣府の防災担当が地震から 3 か月後の 6 月に約 16.9 兆円とする推計を発表している。しかしながら、推計には経済活動の停止・縮小、サプライチェーンの寸断による間接経済被害額が含まれていない。また、次に説明する復興予算規模からも実際の経済被害総額はこの数字より大幅に大きかったものと考えられる。

③　復興関連政府支出

図表 5 は、東日本大震災の起こった 2011 年から 2020 年までの 10 年間に政府が復興支援として財政出動した金額とその内訳を示した NHK の資料である。復興予算は 2011 年の約 9 兆円を皮切りに 2020 年までの 10 年間で総額約 32 兆円に達する。これに繰越金の 7,000 億円を含めた実際の増加分 9,000 億円を加えると総額は 32 兆 9,000 億円になる。支出は今後も続き、2021 年以降の 5 年間でさらに 1 兆 6,000 億円の投入が予定されている。

なお、復興予算総額の 32 兆円には福島第一原子力発電所事故関連の直接支出は含まれていない。福島第一原発事故と廃炉、賠償などの費用として、32 兆円とは別に総額 21.5 兆円（既支出額の 13.3 兆円を含む、ただし、原賠償

図表 5　東日本大震災の復興予算

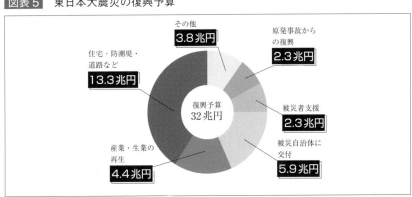

出典：「復興予算 32 兆円はどう使われた？」NHK 政治マガジン（2021 年 2 月 25 日）。

補償法（原子力損害の賠償に関する法律）に基づく補償金 1,889 億円を除く）が
必要であると見積もられている（2016 年の有識者会議の見通し）。廃炉費用は
東京電力が負担するが、技術的難度の高い部分には国費が投入され、除染に
は政府が出資する原子力賠償・廃炉等支援機構が保有する東京電力の株式の
売却益が充てられる。

　国費の源泉は国民の税金である。東京電力が他の電力会社の協力を得て支
払う賠償金は国民が電力料金の支払いを通して間接的に負担することにな
る。したがって、実際の国民負担は、32 兆円に福島第一原発事故関連費用
の 21.5 兆円の一部、あるいは大部分を加えた金額となる。

④　復興予算の財源

　復興予算（福島第一原発事故関連費用を除く）に対する財源には、復興増
税、予算のやりくり、政府が保有する株式の売却益などが充てられるが、そ
の内復興増税によって全体の 4 割に当たる 12.4 兆円が捻出されている。増
税は今後も続き、個人の所得税の 2.1％の上乗せは 2037 年まで、住民税の 1
人当たり年間 1,000 円の上乗せは 2023 年まで続く。

　一方、福島第一原発の廃炉費用の 8 兆円は東京電力が自社の利益から拠出
する。賠償と除染費用の 13.5 兆円は国債で立て替えたうえで東京電力と他
の電力会社が毎年 2,000 億円ずつ国庫に納め、他に電力料金の値上げと東京
電力の株式売却などにより返済されるが、完済までには数十年を要する。

　東日本大震災による追加的経済負担がなくなるまで 15 年、あるいはそれ
以上の期間を要するが、追加的措置の終了前に新型コロナパンデミックが起
きて政府は新たな巨額支出を行っている。

　残念ながら、今後新たな大規模災害や経済危機が起こらないという保証は
ない。それどころか、東日本大震災の被害規模を大きく上回る首都直下地震
や南海トラフ地震、南海トラフの一部である東海地震の近い将来の発生が高
い確率で予想されているほか、「想定外」の大地震や伊勢湾台風（1959 年）
クラス、あるいはそれを上回るスーパー台風が日本に襲来することも考えら

れる（第5章参照）。

　間断のない経済運営はグローバリゼーションが進んだ世界で生き抜いていくための必須条件となっている。政府、民間それぞれの立場で被害を最小限に抑え、BCPと保険手当てによって事業中断期間をできるだけ短くし、速やかに復旧・操業再開できるように準備しておくことが重要である。

(3)　新型コロナ（COVID-19）パンデミック
①　混乱の長期化と各国政府の対応

　新型コロナパンデミックが「想定外」であったことはすでに第1章で述べた。ウイルスの毒性や感染力などが明らかになるまでの期間、人々は自宅でじっとしている生活を余儀なくされ、街から人の姿が消え、工場の操業は停止し、飲食店も休業を余儀なくされた。また、航空・長距離鉄道路線も運休となり、観光地から人が消えた。

　輸送手段も大幅に制限されてグローバルサプライチェーンが停止した。ウイルスの正体は次第に明らかにされていったが、感染拡大の局面ではヒトの移動制限や都市のロックダウンが繰り返され、影響は世界中の人々の社会生活と経済全般に及んだ。また、各国の感染拡大の波の襲来時期が異なるため、グローバルサプライチェーンの混乱は3年に及んだ。

　各国政府は経済対策としてさまざまな支援策を導入しており、IMFによれば、各国が新型コロナ対策として実施した財政支出総額は16.9兆ドル（1,900兆円）に上る（2021年10月13日発表）。この結果、政府の債務残高はGDP対比で97.8％（世界平均）に達すると見込まれる。ただし、IMFの発表後も新型コロナは終息せず各国政府の財政支出が膨らんでおり、総額は16.9兆ドルを大幅に上回る。

②　財政支出

　財政支出については前述のとおり、2020年度の当初の一般会計規模102.7兆円に対して、3度の補正予算を組んで歳出は175.7兆円にまで膨らんだ。

図表6 東日本大震災復興予算との比較

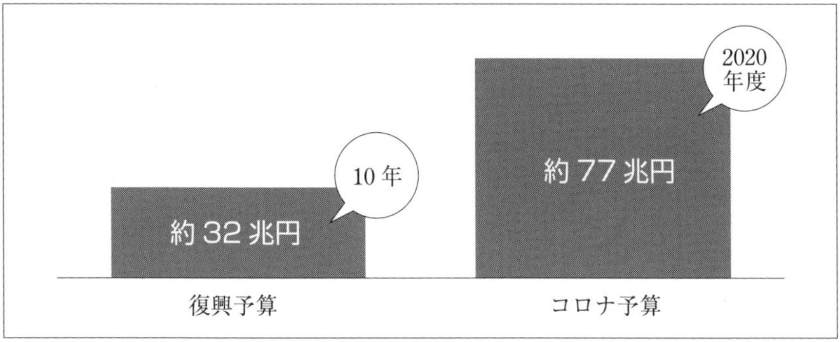

出典：NHKスペシャル「あなたのコロナ予算」。
https://www3nhk.or.jp/news/special/covid19-money/

一方、歳入は企業業績の悪化などを背景に年初予算より税収が8兆円余り減少して55兆1,250億円まで減少した。歳出の拡大と税収の落込みに伴い、新規国債発行額は112兆円に達している。**図表6**は東日本大震災の2011年から2020年までの復興予算総額と2020年度単年度の新型コロナ関連の財政支出額を比較したNHKの資料である。コロナ関連予算が2020年単年度で東日本大震災の復興予算（10年分会計）の2.4倍にもなっている。

2021年度も大規模な財政支出が続く。一般会計の当初予算では税収は57.4兆円に止まるが、歳出については新型コロナ対策のために予備費を5兆円の計上、社会保障費と防衛費の拡大によって106兆6,097億円を見込んだ。ところが、新型コロナが終息せず35兆9,895億円の補正予算を組んだ結果、歳出は142.5兆円にまで膨らみ、国債発行額は年初予算の43兆5,970億円に22兆580億円を追加して65兆円を超えた。その結果、2021年度末の普通国債残高は1,000兆円の大台を超えて1,004兆円に達し、2022年度には1,026兆円に膨らむ見込みである。

③ 国債引受けの仕組み

政府の歳入の主な源泉は税収と国債となるが、緊急の資金調達は国債の発

行によらざるを得ない。国債引受市場は国内に限られないが、日本国債の利回りが低いことから市場は実質的に日本国内に限定される。リーマンショックでは大量に新規国債を発行して民間金融機関に引き受けてもらい、東日本大震災では追加国債の償還のために復興増税によって財源を確保している。

　経済が低迷する中で日本の金融市場が前代未聞の巨額の国債引受けに応じることができるのか。また、追加国債全額が引き受けられるとしても、政府にお金が入金されるまでの資金繰りの問題も解決しなければならない。

　国債の消化方式には、市場参加者向けで主に入札による「市中発行分」、個人を対象とする「個人向け販売分」、日銀が保有する国債のうち償還が到来する一部を借換債として引き受ける「日銀乗換」の３つがある。「市中発行分」が発行額の大宗を占めるが、機関投資家の間でも国債のニーズは異なる。

　たとえば、生命保険会社は2025年の国際資本基準（ICS：経済価値ベースのソルベンシー規制）の導入を控えて資産と負債のデュレーション・ギャップを埋めるために20年以上の超長期債にニーズがある。一方、銀行などの預金取扱金融機関は、日銀の新型コロナ対応オペ等の利用に際して必要となる担保としてのニーズである。今回の巨額の国債発行に際しては、国債に対する市場のニーズを正確に分析してようやく消化に漕ぎつけている[1]。

　資金繰りも大変だ。国債を発行してから資金が集まってくるまでに約３か月掛かる。一方、納税の特例猶予などの措置を行ったため、大掛かりなコロナ対策の実施によって一時的な資金不足が生じる。そのため、政府は、一般会計の支出項目だけでなく特別会計との間で資金を融通し合い、さらに不足分については政府短期証券（FB）の発行、特別会計からの借入れを行うなどして資金繰りを乗り切っている。

　新型コロナの感染者とワクチンの接種率向上によって集団免疫ができる、

1）財務省「特集：新型コロナに対応した資金調達と債務管理」。
　https://www.mof.go.jp/public_relations/finance/202011/202011c.html

あるいは有効な治療薬が開発されて需要に応えられる供給体制が構築されてインフルエンザなどと同様に取り扱われるようになるまでに数年掛かるとされる。2022年度予算にはコロナ対策予備費として5兆円が確保されているが、何らかの不測の事態が発生して大幅に資金不足が発生する場合、政府の資金調達は困難に直面することが予想される。

(4) 困難な歳出カット

　現在の風潮は、政府・与党、野党のいずれも新型コロナ対策のためには大胆な支出を続けるべきということであるが、いつまでも続けられる話ではない。現状は、リーマンショック対策の余韻が残り、東日本大震災の復興増税が継続している中で、コロナ対策は巨額の国債発行と資金繰りをギリギリのところで失敗せずにやり遂げた、というところである。追加発行された巨額の国債の償還の財源は、法人税や所得税をはじめとした増税によって賄うしかなく、しばらく新たな高額の財政支出を伴う事態が起こらないよう願うしかない。

① ロシア・ウクライナ戦争の影響

　新型コロナにようやく慣れてグローバルな経済活動が再開され始めた2022年2月24日にはロシアがウクライナに軍事侵攻した。

　ロシアとウクライナからのエネルギーと食料供給が断たれ、ヨーロッパを中心にしたエネルギー不足、世界的なエネルギー価格の上昇と食料不足が起こっている。戦争の長期化が予想されており、エネルギーとコメ以外の食料を輸入に依存する日本は直接的影響を受ける。社会・経済活動への影響を小さくするためには、電力料金の負担軽減、ガソリン税などの税率軽減、輸入小麦の政府売渡価格の調整を含めて経済支援が必要になる。

② 国防予算の増額

　中国は強大化した軍事力によって海洋の現状変更を試みており、日本の尖

閣諸島周辺での威嚇が激しさを増している。世界最大の核保有国であるロシアとの関係はウクライナ侵攻を機に悪化し、日本列島周辺で中国との合同軍事行動も頻繁に行われている。

　また、北朝鮮は核兵器とミサイル開発に余念がない。

　ドイツはロシアのウクライナ侵攻を受けて国防費予算を 2021 年度の 470億ユーロから 2022 年度には GDP の 2％以上の 1,000 億ユーロに引き上げることを決定しているが、日本の周辺はさらにきな臭い。日本の防衛費予算は近年緩やかな増額傾向にあり、2021 年度は当初予算と補正予算の合計で 6兆 1,744 億円となったが、GDP の 1％をわずかに超える水準にすぎない。非友好的な 3 つの核保有国と狭い海を隔てて対峙する日本の状況を考えれば、大幅な防衛予算の増額はやむを得ない。

③　円安と金利

　経済活動の急速な回復は期待できない中で税収の大幅な増加を期待できる状況にはない。一方、歳出面でも高齢化社会が進行する中で社会保障費の大幅なカットはできない。また、日本は長引く不況に対して景気回復策としてゼロ金利政策を継続してきているが、いつまでもゼロ金利を続けられるわけではない。アメリカはすでに景気回復基調に入ってインフレ抑制のために金利を順次引き上げていく方針を明らかにし、日米間の金利差の拡大から大幅に円安に振れている。日本は景気回復を優先してゼロ金利政策を維持しているが、日本の貿易黒字が大幅に拡大する場合には国家間の貿易問題に発展する（2022 年 9 月 1 日時点）。

　また、極端な円安が長期化すれば物価への影響のほかに日本の国力の低下につながりかねず、ある時点で日本も金利を引き上げざるを得なくなる。しかしながら、金利引上げは経済活動の低下を招く恐れがあることに加えて、国債利払い金額が増大する。景気が回復して需要増大によるインフレが起これば利払い金額の増加分を吸収できるが、そうでない場合には金利上昇分は財政上の追加負担増となる。

④ 振る袖のない日本の財政事情

　日本の財政事情の悪化は、社会保障費の増大が悪者ではなく、核心的問題は30年にも及んだ経済スランプで税収が伸びなかったことであることを述べた。

　戦後の高度経済成長期のようにはならないまでも世界平均を上回るまでに経済成長率を回復させて税収を増大させていくことが唯一の根源的解決策であるが、財政赤字の巨額性から短期間に解消できる問題ではない。

　政府は「想定外」の事象が数年に一度起こるという前提に立って中・長期的な財政計画を策定・運用していくべきである。一方、家計や企業は、たび重なる想定外の支出によって政府には振る袖がなくなってしまったという状況を客観的に認識し、保険手当ての拡充による自助の拡大によって対応力を強化していくしかない。

第4章

急速に重大化する
サイバーリスク

1 サイバー攻撃ビジネス

⑴　戦争手段になったサイバー攻撃

　2022年2月のロシアのウクライナ侵攻では、ミサイルや戦車、戦闘機による軍事攻撃とそれを迎え撃つウクライナ軍の対戦車砲、ドローンによる反撃、市民の参戦が映像で流れた。しかしながら、戦争は物理的破壊だけではなく、サイバー空間においても熾烈な戦いが行われている。インターネットによる情報の入手と発信は、軍事作戦行動の遂行と国際的支援・指示を取り付けるうえでも非常に重要である。

　サイバー空間において両国は、軍事情報の入手・遮断、操作、作戦の攪乱、経済活動の混乱などを目的として互いに激しい攻撃を仕掛け、ロシアのサイバー攻撃はウクライナ政府や軍関係機関のみならず、ウクライナ支援国および企業にも及んでいるとされる。一方、ウクライナは1990年代後半からIT産業の育成に力を入れてきたIT先進国であり、ボランティアによるウクライナIT軍を組織し、ウクライナのインターネット防衛とロシアへのサイバー攻撃を行っている。

　戦闘においても、軍事力で劣勢なウクライナ軍はロシア軍を待ち伏せ攻撃して戦果を挙げたが、ロシア軍の経路、車列の規模と先端の位置などのリアルタイムの情報はアメリカから提供されているとされる。また、ロシアの黒海艦隊の旗艦モスクワがミサイル攻撃を受けた後に火災と誘爆により沈没したが、NATO側からの正確な位置情報を得て攻撃した可能性が指摘されている。

⑵　サイバー攻撃集団

　サイバー空間の戦争はハッカー集団や企業の間でも起こっている。

　ロシアを拠点とするランサムウェア攻撃集団のコンティ（Conti）はロシアのウクライナ侵攻に際してロシア政府の支持を表明している。また、サンド

ワーム（Sandworm）はロシアの悪名高きハッカー集団で、2015 年にウクラ
イナの電力会社にサイバー攻撃を仕掛けて停電させたことで知られている
が、ロシア連邦軍参謀本部情報総局（GRU）に所属しているとされる。

　一方、国際ハッカー集団のアノニマスはウクライナへの支持を打ち出し、
ロシアの国営メディアの放送の乗っ取りを謀るなど、ロシアの政府機関への
攻撃を宣言している。また、ロシアからのサイバー攻撃によってウクライナ
のネットがダウンする事態に備えて、テスラ自動車の CEO で宇宙開発を手
掛けるスペース X を率いるイーロン・マスクは、ウクライナ政府の要請に
応えて小型衛星を利用した高速インターネットの接続サービス（スターリン
ク）をウクライナで利用できるようにしている。

(3)　DX とサイバーリスクの増大

　サイバー攻撃は外交や戦争目的だけでなく、DX（デジタルトランスフォー
メーション）の進展によってわれわれの社会生活や経済活動においても重大
なリスクになってきている。

　新型コロナパンデミックによって非接触化・オンライン化を実現するデジ
タルソリューションが一気に社会に浸透し、デジタル社会への移行スピード
が一気に加速された。クラウドサービスの利用が急速に増加し、IoT と AI
による製造業の無人化と遠隔操作の導入、リモートワークの導入、シェアド
ライブや無人配送、ドローンの利用、キャッシュレス決済の導入が進み、社
会生活と経済活動の様子が大きく変わった。今後はさらに 5G の普及、量子
コンピュータの導入などによって経済のあらゆる分野でさらなる革新的変化
が進行していく。

①　インターネットユーザー数

　デジタル社会はインターネットによってヒト、モノ、プロセス、データが
接続された社会であり、デジタル社会への移行にはすべての人がインター
ネットにアクセスできる環境を整備する必要がある。世界最大のコンピュー

タネットワーク機器開発会社の Cisco Systems によれば、インターネットユーザーの総数は毎年平均6%で増加し、2013年の39億人から2023年には53億人に達する。世界人口に対する普及率は2018年の51%から2023年には66%に上昇し[1]、先進諸国では遠からずほぼすべての人々がインターネットにアクセスできる環境が整備される。

②　M2M 接続数

Cisco 社は、M2M（機械同士の情報交換）の接続数の伸びについても予測を行っている。

図表1はネットユーザー数の伸びをグラフにしたものであるが、2023年には2018年の2.4倍の147億に達すると予測され、今後も高い伸びが続くことが予想されている。同時に、サイバー空間上で事故が起これば接続先からその先の接続先に問題が波及し、次々に連鎖して大きな事故に発展する可能性が日々高まっていくということである。

図表2は、世界で報道された大規模なサイバー攻撃の例である。

図表1　M2M アプリケーションの接続数

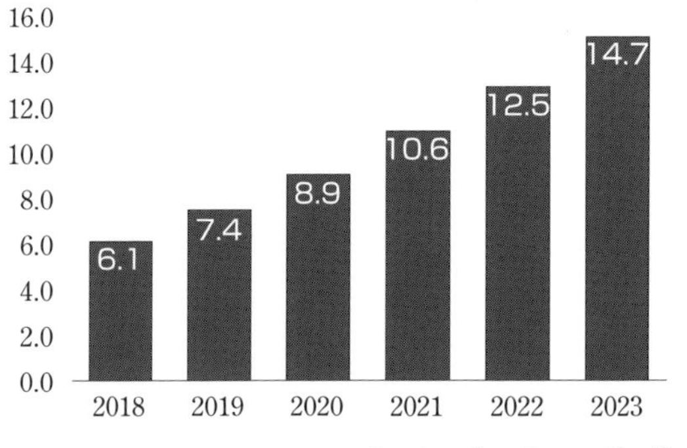

インターネットユーザー数：単位10億

出典：「Cisco Annual Internet Report」（2018 ～ 2023 年）。

---

1) Cisco Annual Internet Report（2018 ～ 2023 年）。

図表2　サイバー攻撃の例

●ロンドンオリンピック会場への攻撃（イギリス、2012）

　開会式の開催中、会場の電力システムを狙った攻撃が 40 分間に渡って 1000 万回以上行われた。（BBC、その他の報道）

●電力会社への攻撃による停電（ウクライナ、2015）

　Sandworm によるマルウェア CrashOverride の感染により、変電所が遠隔制御され数万世帯が 3 〜 6 時間停電。（SANS ICS、2016 年 1 月 9 日）

●ソニー・ピクチャーズ・エンターテインメントへの攻撃（2014 年）

　金正恩の暗殺を描いた未公開のコメディー映画「ザ・インタビュー」のコピー、役員・従業員・家族の個人情報、経営情報の流失と映画公開の遅れの発生によって多額の損害が発生。FBI は北朝鮮政府が関与した攻撃であると断定。（Reuters: December 3, 2014）

●ランサムウェア "WannaCry"（世界約 150 か国、2017 年）

　2017 年 5 月 12 日頃から、マイクロソフト製品の脆弱性を悪用したランサムウェア WannaCry に感染する事案が発生。28 の言語、世界約 150 か国で約 30 万台が感染し、被害総額推定は 80 億ドルに達する。日本では 5 月 14 日頃から被害を確認。（AM Best：Reinsurance News, May 23,2017）

●製薬メーカー Merck への NotPetya ランサムウェア攻撃（2017 年）

　ワクチン生産に問題が起こり、薬品不足が発生。推定 2 億 7,500 万ドルの保険金が支払われた。（Reuters：October 19, 2017）

●港湾ターミナルへの攻撃（2017 年）

　世界的運送会社 Moller-Maersk へのランサムウェアによるサイバー攻撃により同社の世界中の港湾施設が稼働を停止。損害額は最大 3 億ドル。（Financial Times：August 10, 2017）

●ホンダの社内ネットワークへの攻撃による生産停止（2020 年）

　リモートワークを狙ったランサムウェア攻撃により、北米、トルコ、ブラジル、インドで工場の生産停止。日本でも完成車の検査システムが不調になり一時出荷を見合わせる。（読売新聞オンライン：2020 年 6 月 12 日ほか）

●アメリカのコロニアル社の石油パイプラインの操業停止（2021 年）

　アメリカの石油パイプライン会社のコロニアルがハッカー集団「ダークサイド」

の攻撃を受けてメキシコ湾から東海岸への全長 8,800km のパイプラインが操業を停止。身代金 440 万ドルをビットコインで支払って 5 日後に操業再開。（WSJ：May 11, 2021）

　後日、FBI が 230 万ドルを回収。（CNN：June 7, 2021）

● 2020 東京オリンピック・パラリンピックへの攻撃（2021 年）

　大会期間中に大会運営に関するシステムやネットワークに仕掛けられた攻撃は約 4 億 5 千万回に及んだ。対策の結果、すべてブロックし、大会運営への影響はなかった。（NHK、2021 年 10 月 1 日）

●トヨタ自動車の部品仕入先会社への攻撃による国内全工場の操業停止（2022 年）

　トヨタ自動車の部品仕入先である小島プレス工業がランサムウェア攻撃を受け、トヨタ自動車の日本国内の全 14 工場の 28 ラインが操業を停止し、1 万 3,000 台の生産に影響が及んだ。（トヨタ自動車、2022 年 3 月 1 日）

事例の抽出は著者による。出典はかっこ内に明記。

2 サイバー攻撃の増加

サイバー上の事故には、以下の３つがある。

① 人為的エラーによるもの

② 何らかの事由によって偶然かつ突発的に起こる事故

③ サイバー攻撃

中でも③サイバー攻撃は、悪意を持った第三者によって攻撃対象に最大の
ダメージを加えるべく行われるため、リスクの広がりや損害規模の予測が非
常に難しい。また、デジタル社会ではAIが重要な役割を担うが、AIの利用
は人間の目からはブラックボックスの中の作業となるため、攻撃によるダ
メージの確認が遅れ、その間に問題が拡大する。さらに、問題が発覚する前
にインターネットを介して拡散する恐れがある。

(1) サイバー攻撃の過激性

サイバー攻撃には、以下の３つのタイプがある。

① 思想・信条、政治体制の違いから国家の安全保障情報のハッキン
グや政治的混乱および社会を混乱させることを目的としたサイバー
攻撃

② 経済的利益を目的として企業や個人をターゲットにした攻撃

③ ゲーム感覚の愉快犯

３つのタイプのうち①と②の２つのタイプが社会や経済を大混乱に陥れる
可能性がある。それらのサイバー攻撃は、コンピュータに接続されたネット
ワークに侵入し、情報の漏洩・消去・変更・破壊などによってターゲットと
した相手に被害を与え、経済・社会を混乱に陥れる、あるいはウイルス感染
を人質にして身代金を奪い取ることを目的とした犯罪行為である。

①　サイバーテロ

　攻撃性の強いサイバー攻撃はサイバーテロともいわれ、重大性はかつての過激暴力テロに勝るとも劣らない。1970 年代半ばから 1990 年代にかけて IRA（アイルランド独立共和軍）がロンドンやマンチェスターなどで起こした爆弾テロ、アルカイダによる 2001 年のアメリカ同時多発テロ（9.11）、2010 年代半ばにイラク、シリア周辺を中心にテロ組織「イスラム国（IS）」が起こした残虐行為、1970 年代から 1980 年代にかけて日本赤軍が国内外で起こした重大テロ、1995 年のオウム真理教による地下鉄サリン事件が「テロ」の代表的事例として挙げられるが、サイバーテロは過激暴力テロと同様に重大な戦争リスク、経済リスクである。

②　サイバーテロのターゲット

　サイバーテロの最悪シナリオは、（外国）政府の防衛システムに侵入し、システムを破壊、あるいは誤作動させて軍事力を無力化することである。さらに、水道・電気・ガスなどの社会インフラを止め、金融システムを混乱させ、鉄道・港湾・道路、送電網、交通・輸送・エネルギーの供給システムを止めれば相手国の経済活動を麻痺させることができる。

　サイバー空間において破壊・情報操作による兵糧攻めを行うことによって、武力行使を行わずに相手国を屈服させることすら可能かもしれない。戦争の概念すら変える可能性がある行為であり、兵力や装備によらずサイバー空間の勝者が戦争の勝者になりうる。

③　サイバー攻撃と日本国憲法

　日本は憲法 9 条 1 項において「国権の発動たる戦争と、武力による威嚇又は武力の行使」を禁じ、2 項において「国の交戦権」を認めていない。また、国連憲章において、第二次世界大戦において連合国と敵対したドイツ、日本、イタリアなどが敵国条項（53 条、107 条、77 条の一部）の対象とされており、「死文化している」と一般的に理解されているもののいまだ削除さ

れていない。すなわち、日本などの敵国条項対象に対して国連加盟国や地域安全保障機構は、安全保障理事会の許可がなくても軍事的、もしくは経済的制裁を科すことができ、敵国条項対象国にサイバー攻撃を仕掛けても即座に国連憲章違反とはならない。

　第二次世界大戦の戦勝国は正義を遂行する国家であるという立場に立っているが、敵国条項の対象とされた国が平和国家になっている一方で戦勝国の中には攻撃的な国もある。さらに、正義の手本であるはずの国連の常任理事国が戦争を仕掛け、人権を軽んじる政策を推し進め、軍事力により国境の現状変更を行おうとしている。

　1947（昭和22）年5月1日の現行憲法の施行から3／4世紀を経て国際情勢が大きく変化し、「日本に対して軍事力による威嚇や戦争を仕掛けてくる神話的国はない」という考えが幻想であったことがはっきりした今日、日本国憲法の見直しが急務となっている。9条の見直しを検討する際には、サイバー空間における国家の安全保障、経済・金融システムなどへの攻撃への対処、自衛権を認める範囲と内容などについても検討する必要があると考える。

⑵　サイバースパイ

　多くの国の政府機関がスパイ行為による情報戦を行っており、政府機関のみならず、先端技術・情報を持つ企業もターゲットにされている。

　アメリカの中央情報局（CIA）、中国の国家安全部（MSS）、ロシアの対外情報庁（SVR、ソ連時代はKGB）、イギリスの秘密情報部（SIS、通称MI6）などが国家の諜報機関として知られ、国内外で諜報活動を行っている。

　戦前の日本にも特務機関という諜報機関があった。平和国家となった日本には海外で諜報活動を行う機関はないが、内閣情報調査室、公安警察、公安調査庁などが国家安全のための情報収集を行い、自衛隊も情報収集活動を行っている。（スパイする方法は）映画に出てくるようなスパイがターゲットとする組織に接触・潜入するのみならず、サイバー攻撃によって情報の入手や消去、書換え、漏洩、ウイルス感染などを行う。

①　スパイ行為に対応する法律

国家や企業、あるいは個人のデータベースに無断で侵入すればすでに犯罪行為であり、入手した機密情報を外部に漏らした場合も法律により罰せられる。個人や企業に損害が発生したことが認められれば損害賠償も問われる。

日本では秘密保護法（特定秘密の保護に関する法律）（2014年12月施行）によって主に公務員が特定された特定秘密を漏洩した場合、あるいは不当・不正に取得しようとすれば処罰の対象となり、改正個人情報保護法（個人情報保護に関する法律）（2017年5月施行）によって個人情報を不正に使用した場合も処罰される。しかしながら、多くの国の政府機関が公然と日本でスパイ活動を行っている。

国家の安全保障にかかわる情報については、国連憲章に認められている自衛権の行使として、国家機密や防衛機密を守り、他国による諜報活動を防ぐためにスパイ活動を取り締まる法律が多くの国で導入されている。ただし、日本では「憲法上の表現の自由・言論の自由を阻害する恐れがある」という筋違いの反対意見によってスパイ防止法は導入されておらず、スパイ天国になっている。

②　EUにおける企業のセキュリティ対策義務

企業スパイによってライバル会社の経営機密や最先端技術を盗み出す行為、あるいは重要情報を漏洩・変更・消去することによってライバル企業の足元をすくおうとする事件も後を絶たない。そして、今日ではサイバー攻撃が企業スパイ行為の最も有力な手段となっている。

EUでは、情報を簡単に持ち出される企業にもペナルティーが科せられる。一般データ保護規制（GDPR）によって、データ保護ができていない企業には重い罰金（最高2,000万ユーロ、または総売上高の最大4％の高いほう）が科せられることになっているが、日本ではデータ保護に関する義務はない。

③　サイバー攻撃産業

　サイバー攻撃を受けるリスクがあることは一般的認識であり、社会インフラや政府機関はサイバー攻撃に対する高度なセキュリティを導入している。企業が利用する大規模なクラウドシステムや金融システムについても高度なセキュリティが導入されている。

　そのため、攻撃する側においても高度な技術が必要になり、豊富な技術開発資金と大掛かりな組織が必要になる。ところが、犯罪であるサイバー攻撃はすでに経済的利益を目的とした一大産業として成立しており、少しでもセキュリティに隙あらば攻撃するチャンスをうかがっている。

　大掛かりなサイバー攻撃を仕掛ける組織では、マルウェアの作成者、マルウェアを遠隔操作するためのプラットフォームの提供者、暗号通貨などを利用しマネーロンダリングするチームがあり、それぞれの分野のプロが業務を遂行する。顔の見えない相手に対する攻撃には容赦なく、資本利益率を最大化することが求められ、収益最大化のために日々攻撃技術の高度化に努め、攻撃規模と頻度が最大化されていく。また、サイバー攻撃のための資金調達および技術開発において国家が後ろ盾となっている場合、攻撃技術はさらに高度化する。

⑶　サイバー攻撃の増加

　最先端のサイバー攻撃技術による大掛かりな攻撃が想定されるなら、それに対応するセキュリティを事前に整備しておくことが重要になる。前述のEUのほか、多くの国でサイバー攻撃を犯罪として取り締まる法律が整備され、新たな技術や手口には追加の法規制整備が行われている。また、セキュリティ対策を実施する政府機関、企業、IT会社などにおいてもセキュリティ技術の向上に努めている。

　しかしながら、**図表3**（次頁）のとおりサイバー攻撃は増加の一途をたどっており、IoTを狙った攻撃が約4割を占めて最大の標的になっている。さらに悩ましい問題は、サイバー攻撃が国外から仕掛けられることが多く、

犯人の特定や取締まりが難しくセキュリティ対策も立て難い。

図表3　NICTER※で１年間に観測されたサイバー攻撃回数

※　NICTER：独立行政法人情報通信研究機構（NICT）による、ネットワーク上の
　　サイバー攻撃をリアルタイムに観測・分析するシステム

出典：総務省サイバーセキュリティタスクフォース「サイバー攻撃に関する最近の動向」（令
　　　和3年6月29日）。

3　サイバー攻撃による損害想定

　近年サイバー攻撃の攻撃回数が急速に上昇していること、そして攻撃技術が高度化して被害が拡大する傾向にあることを述べたが、被害想定がわからなければどの程度のセキュリティが必要で、いくらの費用とリソースを投入すべきかが判断できない。そこで、サイバー攻撃による損害想定に関して、情報漏洩による費用と最大損害の想定について説明する。

　ただし、ここでの説明には前提が付く。すなわち、デジタル社会の進展によってインターネットで接続されている範囲が広がっていくこと、およびサイバー攻撃技術の高度化と過激化によって損害が増大していくことから、現時点での最大想定は時間の経過と共に過小になるということである。また、サプライチェーンへの影響や取引先への損害賠償などについても見込んでおく必要がある。

(1)　情報漏洩による費用

①　データ侵害コスト

　IBM はデータ侵害による企業への経済的影響について継続的に調査をしている。2022 年版の調査レポートによれば、データ侵害は世界の 17 の国と地域の 17 の異なる業種で発生しており、データ侵害被害にあった全世界の 550 以上の組織を対象にして分析結果を公表している[2]。

　図表 4（次頁）は、データ侵害の総コストについて 2016 年以降の推移を示したものである。2020 年以降急速な上昇傾向を示しており、2022 年の平均総コストは 435 万ドル（4 億 7,850 万円）となり、新型コロナパンデミックによってリモートワークへの移行が急速に進んだ 2020 年の 386 万ドルから 12.7% 上昇している。

2）IBM「データ侵害コストに関する調査レポート」2022 年 7 月 22 日発表。

図表4　データ侵害総コストの推移

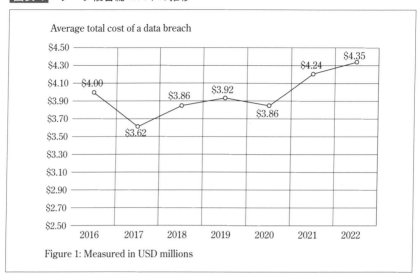

Figure 1: Measured in USD millions

出典：IBM「2022年データ侵害のコストに関する調査レポート」（2022年7月22日）。

　日本IBMは、日本の事情について補足説明を行っている（2022年8月25日）。日本におけるデータ侵害総コストは、2012年以降顕著な上昇傾向を示している。2012年の平均侵害コストが2億70万円だったのに対して10年後の2022年は2.8倍の5億6,000万円に上昇し、新型コロナパンデミックによるリモートワークが始まった2020年との比較においても24%上昇している。平均総コストは世界平均を上回り、上昇率も大きく上回るなど日本のデータ侵害の深刻化が急速に進行している。

　レポートでは他にもいくつかの重要な分析が紹介されている。本書では、「データ侵害の標的業種」、「データ侵害の内訳」、「リモートワークとデータ侵害コストの関係」について簡単に紹介する。

②　データ侵害の標的

まず、「データ侵害の標的業種」については、個人情報を取り扱う業種の

データ侵害コストが高額になる傾向がある。

　2022年の全業種の平均コストが435万ドルであるのに対して、第1位の医療・ヘルスケアは平均コストの2.3倍の1,010万ドルとなっており、第2位の金融：597万ドル、第3位の製薬：501万ドル、第4位のテクノロジー：497万ドル、第5位のエネルギー：472万ドルと続く。

　また、重要インフラ（金融サービス、製造、テクノロジー、エネルギー、運輸、通信、医療、教育、公共事業セクター）の平均コストは482万ドルとなっており、それ以外の産業の平均コストを100万ドル上回っていることが注目される。背景には重要インフラ組織の約80%がゼロトラスト（何も信頼しない）戦略を採用しておらず、ゼロトラスト戦略を採用している組織より平均侵害コストが117万ドル高くなっていることが影響している。

③　データ侵害コストの内訳

　「データ侵害コストのカテゴリー別分析」については、前述のデータ平均侵害コスト435万ドルを大きく以下の4つに分類して割合を算出している。

(ⅰ)　検知とエスカレーション：33.1%

(ⅱ)　通知：7.1%

(ⅲ)　侵害後の対応：27.1%

(ⅳ)　ビジネスの喪失：32.7%

　「検知とエスカレーション」には、データ侵害を検知するために要するコストを指し、状況把握・検査、危機管理、経営との連絡業務などが含まれる。2021年における割合は29.2%だったが、データ侵害コストが高額化する中で、重大化を防ぐための手段が重視された。

　データ侵害コストは「データ侵害から封じ込めまでの時間」によって左右される。封じ込めまでの期間は2020年以降280日前後掛かっており、2022年は検知するまでに207日、その後封じ込めを完了するまでに70日、合計で277日を要している。2021年度より10日間短縮されたが、「検知とエスカレーション」に関心が高まった結果であると考えられる。

　次いで、「ビジネスの喪失」が大きな割合を占めている。ビジネスの喪失コストには、業務の混乱、システムのダウンタイムによる収入の減少、顧客の喪失、新規顧客の獲得に要するコスト、風評被害、ブランド力の低下による損失が含まれる。

　世界的保険会社のアリアンツ（本社：ドイツ）は、全世界を対象にビジネスリスクについて分析したレポート『リスクバロメーター』[3] を毎年発表しているが、2022 年版ではサイバー事故と事業中断が第 1 位と第 2 位のビジネスリスクに挙げられている。また、第 2 位の事業中断リスクの最大の原因がサイバー事故となっており、データ侵害事故によって事業中断が発生する事態が最も警戒すべきリスクであるという調査結果になっている。事業中断による損害額は事業中断期間が長くなるほど高額化するが、データ侵害コストの内訳においても同様な傾向がみられる。

④　リモートワークとデータ侵害コストの関係

　「リモートワークとデータ侵害コストの関係」について、新型コロナ感染拡大予防策として採られたリモートワークがデータ侵害コストを増大させたことが明らかにされている。すなわち、リモートワークが要因ではないデータ侵害コストが 402 万ドルであるのに対して、リモートワークが要因となった場合のコストが 499 万ドルとなっている。リモートワークが要因ではないコストの 1.24 倍にもなり、世界平均と比べても 64 万ドル高くなっている。

　また、リモートワークの導入割合が従業員の割合が 6 割を超えると平均コスト（435 万ドル）を上回り、リモート率が 8 割を超える場合のコストは 510 万ドルになっており平均の 1.2 倍になっている。リモートワークが定着した今日、リモートワークに対するサイバーセキュリティ対策の重要性が増している。

3）Allianz Global Corporate & Specialty "Allianz Risk Barometer 2022"

⑤　その他の指摘事項

他にもさまざまな重要な指摘があるが、ここでは2点を紹介する。

（i）　身代金コスト

ランサムウェアの被害組織が身代金を支払った企業の平均侵害コストは、支払わない選択をした企業の侵害コストより61万ドル（身代金のコストを含まず）少なくなっている。しかしながら、身代金および身代金支払いに掛かる費用を含めた総コストは身代金を支払わない平均コストを上回っていると考えられ、身代金を支払うことが侵害コストを抑えるうえで必ずしも効果的ではない。

（ii）　クラウド環境のセキュリティ対策

調査対象組織の43％は、クラウド環境全体へのセキュリティ対策の適用が初期段階あるいは未着手である。クラウド環境全体にしっかりしたセキュリティ対策を行っている組織と比較すると、データ侵害コストは66万ドル高くなっている。クラウドコンピューティングについてもセキュリティ対策の重要性がデータによって示されている。

IBMの調査・分析から、企業がIT環境を整備していくうえで情報漏洩によるコストの高額化傾向を踏まえたセキュリティ対策を行っていくことの重要性が明らかにされている。

4　サイバー攻撃による最大損害の想定

　サイバー攻撃がビジネスとなり、経済的利益の最大化のために攻撃技術が高度化し、大規模に行われるようになる。

　本書では代表的な例として、多くの企業が利用する「大規模クラウドコンピューティングに対するサイバー攻撃」、「港湾施設へのサイバー攻撃」、「ランサムウェアによる世界的ウイルス感染」の３つを取り上げ、最大損害の想定について検討を行う。

(1)　大規模なクラウドコンピューティングに対するサイバー攻撃

①　クラウドサービスの利用状況

　企業がクラウドコンピューティングを利用するメリットは、自社でコンピュータのハードウェア、ソフトウェアを購入し、システムを構築するための作業から解放され、業務の効率化とコスト削減が図れることである。また、セキュリティ対策についても多くの部分がクラウドサービス会社に移管され、併せて、データのバックアップをクラウド上で行うことによって障害に対する耐性強化を図ることができる。こうしたメリットは広く認識されつつあり、利用率も上昇傾向にある。

　図表５は日本のクラウドサービスの利用率の推移を示したものであるが、2020年のクラウドサービスの利用率は約68.7％にまで上昇し、今後利用予定があると答えた企業を加えると８割近い企業がクラウドサービスを利用することになる。

②　クラウドサービスプロバイダー

　クラウドサービスプロバイダーの重要な業務の一つが顧客ユーザーのクラウド上の情報・データを安全に運営・管理することであり、Amazon（AWS：Amazon Web Service）、Microsoft（Azure）、Google（Google Cloud Platform ）

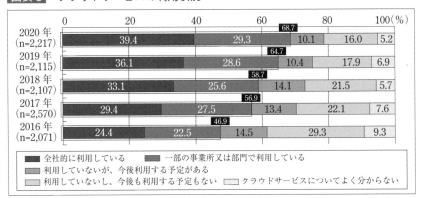

図表5　クラウドサービスの利用状況

	全社的に利用している	一部の事業所又は部門で利用している	利用していないが、今後利用する予定がある	利用していないし、今後も利用する予定もない	クラウドサービスについてよく分からない
2020年 (n=2,217)	39.4	29.3 (68.7)	10.1	16.0	5.2
2019年 (n=2,115)	36.1	28.6 (64.7)	10.4	17.9	6.9
2018年 (n=2,107)	33.1	25.6 (58.7)	14.1	21.5	5.7
2017年 (n=2,570)	29.4	27.5 (56.9)	13.4	22.1	7.6
2016年 (n=2,071)	24.4	22.5 (46.9)	14.5	29.3	9.3

出典：総務省『令和3年版 情報通信白書』。

などの世界的クラウドサービスプロバイダーは最先端のセキュリティ対策を講じ、常に最新のものに更新している。また、日本の大手クラウドサービス会社は大手通信会社やエレクトロニクス会社の関連会社であり、高度なセキュリティ対策を行っている。

　しかしながら、クラウドの設計や実装の不備によって管理者が意図しないセキュリティ上の弱点、あるいは脆弱な部分（security hole）が発生する可能性はゼロにはならず、弱点の検知が遅れればサイバー攻撃が仕掛けられる可能性が高まる。

　また、大規模なクラウドコンピューティングがハッキングされてサービスを停止した場合、影響はサービスを利用しているさまざまな産業の多くの企業に及び、負の連鎖によって重大事故になることが想定される。

③　Lloyd's の "Emerging Risks Report 2017, Technology" レポート

　クラウドコンピューティングがサイバー攻撃されるケースについて、ロンドンの Lloyd's 保険市場が興味深いレポート "Emerging Risks Report 2017,

図表6　クラウドサービスプロバイダーの復旧までの損害額

産業セクター	全産業に対する割合（保険未加入セクターを含む）	大規模事象：復旧までの損害額（億ドル）	
		平均損害額	最大損害額
金融サービス	10%	12.90	167.20
ソフトウェアおよび通信技術サービス	4%	2.14	17.90
サービス／小売業	11%	3.32	30.80
医　療	3%	0.60	8.53
そ の 他	72%	27.00	306.00
全産業合計	100%	46.00　95％信頼区間：16.00 ～ 108.50	530.50　95％信頼区間：156.20 ～ 1,214.10
サービス停止から復旧までの期間		12 ～ 18 時間	2.5 ～ 3 日

出典：Lloyd's "Emerging Risks Report, 2017, Technology – Counting the cost, Cyber exposure decoded"

Technology"[4] を出している。**図表6**は、クラウドサービスプロバイダーがサイバー攻撃によってハッキングされてサービス提供が停止された場合、システムが復旧するまでの直接的被害額を推定したものである。

（i）　通常の最大予想損害額

Lloyd's の調査によれば、クラウドサービスプロバイダーがハッキングされて悪意のある変更を加えられて事業停止に陥った場合、2017 年時点の推定で大規模事象の平均直接経済損害額が 46 億ドル（5,060 億円）、最大では 108.5 億ドル（1 兆 1,935 億円）に達する。

（ii）　事業規模別の損害額予測

図表6の損害額の推計をさらに顧客企業の事業規模によって3つに分類

---

4) Lloyd's "Emerging Risks Report, 2017, Technology – Counting the cost, Cyber exposure decoded"

図表7 クラウドサービスプロバイダーの停止による事業規模別の損害

事業規模 (年間売上高:億ドル)	全産業に対する 割合(保険未加入 セクターを含む)	復旧までの損害額(億ドル)	
		大規模事象	最大事象
小 規 模 (2千万ドル〜1億ドル)	97.9%	1.18	23.10
中 規 模 (1億ドル〜10億ドル)	1.8%	3.33	59.20
大 規 模 (10億ドル以上)	0.3%	41.5	448.20
全産業合計	100%	46.00 95%信頼区間: 16.00 〜 108.50	530.50 95%信頼区間: 156.20 〜 1214.10

出典:同図表6。

したものが**図表7**である。

　大企業の場合は自前のコンピュータシステムを持ち、クラウドサービスの利用は部分的な利用やバックアップとしての利用が多く、事業規模が小さくなるに従ってクラウドサービスへの依存度が高くなる傾向がある。ただし、重大事象が発生した場合、大企業への影響は非常に大きくなり、サプライチェーンや金融システムに重大な影響が及ぶことが想定される。

　(iii) 間接損害を含めた最大予想損害

　クラウドコンピューティングに対するサイバー攻撃による損害は、**図表6**および**図表7**で分析された直接損害に止まらないことに留意しなければならない。Lloyd's の調査では、風評損害など不透明な要素を考慮した場合、大規模攻撃の平均損害額は530.5億ドル(5兆8,355億円)となり、最大では1214.1億ドル(13兆3,551億円)に達すると予測している。最大級の自然災害による損害額に相当する。ただし、それらの損害額の推定にはサプライチェーンの寸断や金融システムの混乱による波及損害が含まれておらず、間接損害を含めた総経済損害額はさらに巨額になる。

(2)　港湾施設へのサイバー攻撃

①　海洋サプライチェーンの発展

　18世紀半ばにイギリスで起こった産業革命によって蒸気機関が発明され、鉄道が登場して陸上輸送力が大幅に向上し、船の動力が風力から蒸気機関に代わったことによって海上輸送力（内陸水運を含む）も飛躍的に向上した。船の大型化とスピードアップ、安全性の向上（海難事故率の低下）によって「モノ」の移動コストが引き下げられ、イギリスを中心にヨーロッパ列強が北米・南米、アジア、アフリカに進出して植民地経営と本国との貿易を行い、グローバリゼーションが大きく進展した。

　その後、第一次世界大戦前後に船舶の動力源が石炭から石炭・重油の混合を経て重油に切り替えられ、船舶の大型化・高速化・安全性の向上によって輸送力がさらに大きく向上する。また、1960年にはコンテナ[5] 輸送が登場して輸送量が劇的に増加し、効率も大幅に改善された。一方、陸上では鉄道網に加えて自動車道路が整備されて自動車・トラック輸送力が飛躍的に向上し、海上輸送と連携して地球規模で効率的なサプライチェーンが構築されていった。すなわち、海洋サプライチェーンはグローバルな経済活動の最重要物流ルートであり、港湾システムが麻痺することの影響は極めて大きなものになる。

②　海洋サプライチェーンのハブとなった中国

　図表8は、2000年と2019年の世界の港湾取扱貨物量について比較したデータである。2000年には世界の貿易港の上位10港のうち、中国の港は香港を含めて2港であったが、2019年には6港を占めている。中国が2000年頃からの急速な経済成長によって「世界の工場」になると共にグローバル海洋サプライチェーンのハブになった。

5）1956年にアメリカのマルコム・マクレーンが発明し、船舶への荷積み・荷下ろし、トラックへの搭載を可能にした物流の一大革命とされる。

図表8　世界の港湾取扱貨物量ランキング 上位10港

順位	2000年			2019年		
	港　　名	国　　名	千トン	港　　名	国　　名	千トン
1	シンガポール	シンガポール	325,600	シンガポール	シンガポール	627,000
2	ロッテルダム	オランダ	320,000	寧波	中国	588,000
3	サウスルイジアナ	アメリカ	222,600	広州	中国	558,000
4	上海	中国	204,400	ポートヘッドランド	オーストラリア	542,000
5	香港	中国	174,600	上海	中国	538,000
6	ヒューストン	アメリカ	169,300	青島	中国	526,000
7	千葉	日本	169,000	ロッテルダム	オランダ	469,000
8	名古屋	日本	157,400	釜山	韓国	469,000
9	蔚山	韓国	151,100	天津	中国	379,000
10	光陽	韓国	139,500	大連	中国	339,000

出典：SHIPPING STATISTICS YEARBOOK 2001, 2020。

③　デジタル化された港湾施設

　世界的貿易港となるにはいくつかの条件がある。すなわち、工業地帯や消費地との距離が近いこと、水深の深い港であること、外洋から風波を避けるための地形に恵まれていることなどである。しかしながら、天然の条件だけでは必ずしも十分ではなく、船舶の大型化に合わせて水深を深くし、大量の貨物をさばくための埠頭の整備・改修が必要になる。

　また、近代的な港湾施設の運営・管理は、最先端のコンピュータとITによって入港から貨物の積下ろし、積込みから出港まで運用されている。IoT、AIの導入も始まっているが、デジタル化された港湾施設は同時にサイバー攻撃の対象となる。

　2017年に世界的運送会社のMoller-Maerskの港湾ターミナルがNot Petyaランサムウェアによるサイバー攻撃を受け、同社の世界中の港湾施設が稼働を停止した。10日間のうちに4,000を超えるサーバ、4万5,000のPCおよび2,500のアプリケーションの再インストールが必要となり、最大3億ドル

の損害が発生している[6]（前掲**図表2**参照）。そして、さらに大掛かりなサイバー攻撃が想定されている。

④　"CyRiM：Shen attack, Cyber risk in Asia Pacific ports" レポート

アジアの主要な港湾施設がサイバー攻撃によって運用停止に追い込まれれば海洋グローバルチェーンが寸断され、世界経済に重大な損害を与えることが想定される。

2019年にCyber Risk Management（CyRiM）[7]およびLloyd's、Aon、MSIG、SCOR、Trans Reが、Cambridge Center for Risk Studiesの協力の下でアジアの主要港がサイバー攻撃されるシナリオに関して興味深いレポート"CyRiM Report 2019：Shen attack, Cyber risk in Asia Pacific ports"を発表している。"Shen"は中国の蛤の伝説上の怪物で漢字では「蜃（しん）」と書く。日本にも伝承されており、海中から気を吐いて蜃気楼を作り出すとされる。その伝説の怪物の名前を架空のコンピュータウイルスの名前とし、アジアの15の主要港湾施設がサイバー攻撃を受けた場合の損害について分析している。

(i)　3つのシナリオによる損害額予測

レポートでは、サイバー攻撃を3つのシナリオ（Scenario）に分けて経済損害額を推計しており、**図表9**はそれをまとめたものである。

S1は、日本、マレーシア、シンガポールの合計6港が閉鎖されることを想定しており、2019年時点の推定経済損害額は408億ドル（4兆4,880億円）に上る。S2は、S1に韓国を加えて合計9港が閉鎖される想定で、経済損害額は559億ドル（6兆1,940億円）に上昇する。SX1は、S2に海洋サプライ

---

6) Financial Times：August 10, 2017.

7) Cyber Risk Management（CyRiM）：Nanyang Technological University（南洋理工大学（中国））Singapore Insurance Risk and Finance Research Centreによるプロジェクト。

図表9 "Shen"の攻撃による推計損害額

シナリオ	攻撃される港の所在国	攻撃される港の数	総経済損害額	直接経済損害額	間接経済損害額
S1	日本、マレーシア、シンガポール	6	408億ドル	257億ドル	151億ドル
S2	日本、マレーシア、シンガポール、韓国	9	559億ドル	368億ドル	191億ドル
SX1	日本、マレーシア、シンガポール、韓国、中国	15	1,098億ドル	837億ドル	261億ドル

出典：CyRiM Report 2019："Shen attack, Cyber risk in Asia Pacific ports"

チェーンの上位10港の内6港を有する中国を加え、合計15港が閉鎖されたとする最大想定である。SX1の経済損害額は、S2の約2倍の1,098億ドル（12兆780億円）に達すると予測している。港湾施設の機能停止によって被害が及ぶ順番として、最初に輸送、小売業、製造業で損害が発生し、次に、事業サービス、不動産・建設、製薬、防衛・軍事、IT関連、観光、食料・農業、エネルギー産業など、ほぼ全産業に影響が広がっていくとしている。

また、CyRiMレポートでは、各国の貿易の内訳（2017年）の分析から港の閉鎖が貿易上で与える影響について以下のコメントを付けている。

- 日本の輸出の32%はアメリカ向けの自動車であり、アメリカが直接的に大きな損害を被る。また、7.2%は中国向けの電子集積回路であり、中国の製造業に甚大な影響を与える。
- シンガポール港が閉鎖された場合の影響は、広くアジア各国やアメリカなどにも及ぶ。中でも、中国向けの電子集積回路と精製された石油が貿易量のそれぞれ40%と7.5%を占めており、中国のIT産業と製造業に重大な被害が発生する。
- 韓国の輸出の31%が中国向けの電子集積回路である。
- 圧倒的な貿易量を占める中国の港が閉鎖される場合、アメリカ、香港、日本、韓国、ベトナムなどが直接的に甚大な被害を受ける。

(ii) 間接損害を加えた最大予想損害

　世界のさまざまな地域が相互に複雑に接続されているため、主要貿易港が閉鎖されればサプライチェーンが寸断され、世界中で経済活動の低下を招く。

　アジアの15港の閉鎖による世界各地での生産性の低下について、アジアの間接経済損害は最大1,100億ドル（12兆1,000億円）に達し、加えて、ヨーロッパで8.16億ドル（897.6億円）、北米で3.48億ドル（382.8億円）の間接経済損害が発生すると予測している。

　すなわち、最悪の想定では、港湾施設へのサイバー攻撃で世界的経済危機が引き起こされる可能性があるということである。

(3)　ランサムウェアによる世界的ウイルス感染

①　ランサムウェア

　ランサムウェアとは、マルウェア（悪意のあるソフトウェア、悪質なコード）の一種で、コンピュータをウイルス感染させてシステムへのアクセスを制限し、制限を解除するためにマルウェアの作成者（サイバー攻撃を仕掛けた側）に対してランサム（身代金）の支払いを要求するプログラムである。WannaCry（泣きだしそう）やNotPetyaという名前がよく報道に出てくるが、それらは悪名高き代表的ランサムウェアである。

　ランサムウェアは、攻撃対象を当初一般ユーザーとしていたが、2010年代半ば頃から攻撃対象を企業や公的機関、さらには社会全体に拡大し、より大きな金銭の獲得を目論むようになっていった。そして今日では、攻撃対象の拡大と過激性の増大によって企業や社会に対する重大な脅威となっている。

　前掲図表2に挙げたサイバー攻撃事例の大部分がランサムウェアによる攻撃であり、資料に示した2017年5月に始まったワーム型ランサムウェアのWannaCryの攻撃では、28の言語で約150か国の30万台以上のコンピュータが感染している。コンピュータの身代金をビットコインで要求する手口で、被害総額は最終的に80億ドル（8,800億円）に達したとされ、日本でも被害が発生している。

② "CyRiM：Bashe attack, Global infection by contagious malware" レポート

ランサムウェアのサイバー攻撃についてはすでに多くの高額損害事例があるが、想定される最大事例と経済への影響は桁違いに大きい。

CyRiM は、2019 年にマルウェアによるサイバー攻撃についても興味深いレポート "CyRiM Report 2019：Bashe attack, Global infection by contagious malware" を発表している。なお、"Shen" は中国の伝説上の蛤の怪物であったが、"Bashe" も同じく中国の伝説上の怪物で「巴蛇（はだ）」という象をも飲み込む大蛇である。

(i) 3つのシナリオによる損害額予測

図表 10 は、3つのシナリオと経済損害推計額をまとめたものである。

S1 は、全世界の PC 端末の 43.1％で使用されているオペレーションシステム（OP：A）がランサムウェアに感染するシナリオ。S2 は、OP：A とは別のオペレーションシステムで 54.2％の PC 端末で使用されている OP：B が共に感染し、世界シェアの 97.3％が感染するシナリオ。SX1 は、S2 と同

図表 10 "Bashe" の攻撃シナリオと推計経済損害額

シナリオ	攻撃対象	感染率 （感染企業数割合）	感染するデータ （ペイロード）	総経済損害額
S1	OP：A	1％〜9％	すべてのネットワーク端末に対するランサムウェア	850 億ドル
S2	OP：A および OP：B	2％〜16％	すべてのネットワーク端末に対するランサムウェア	1,590 億ドル
SX1	OP：A および OP：B	3％〜21％	すべてのネットワーク端末およびバックアップに対するランサムウェア	1,930 億ドル

出典："CyRiM Report 2019：Bashe attack, Global infection by contagious malware"

様に OP：A と OP：B が感染し、さらにすべてのバックアップを喪失する
最悪のシナリオであり、S1、S2、SX1 のそれぞれのシナリオについて経済損
害を推計している（SXI 信頼度 95％で算出した最悪に近い数値）。

　感染率が 1 ～ 9％と相対的に最も低い S1 の経済損害は、2019 年時点で
850 億ドル（9 兆 3,500 億円）と推定され、3 ～ 21％が感染する最悪の SX1 で
は経済損害額が 1,930 億ドル（21 兆 2,300 億円）にも達する。

　(ii)　経済損害の内訳

　図表 11 は、それぞれのシナリオについての経済損害の内訳を示したも
のである。

③　生産性・消費減少による損害

　図表 11 の推計損害額の内訳を見ると、直接経済損害の「生産性・消費
減少による損害」がいずれのシナリオにおいても総経済損害額の約 6 割を占
めており、「サイバー強要（身代金）損害」を遥かに上回っている。今日の
企業活動においては、物流、分配、生産、金融取引などのすべてのプロセス
がデジタル端末を通して行われており、デジタル端末が使用不能になれば従
業員が業務を遂行できなくなり、生産性が大幅に低下する。また、生産性お
よび消費が減少すれば必然的に間接損害の増大を招き、経済損害総額が高額
化することになる。

図表 11　"Bashe" の攻撃による推計経済損害の内訳

	S1	S2	SX1
感染グローバル企業数	250,000	501,000	613,000
直接経済損害額	590 億ドル	1,100 億ドル	1,330 億ドル
生産性・消費減少による損害	500 億ドル	930 億ドル	1,120 億ドル
クリーンアップ損害	80 億ドル	150 億ドル	180 億ドル
サイバー強要（身代金）損害	10 億ドル	20 億ドル	20 億ドル
間接経済損害額	260 億ドル	490 億ドル	600 億ドル
経済損害総額	850 億ドル	1,590 億ドル	1,930 億ドル

出典：同図表 10。

　eコマースや電子決済システムがダウンする場合にも重大な事態を招く。決済システムが不能になれば、入金が滞ってキャッシュフローに重大な問題を引き起こす。反対に、送金ができなくなれば信用問題に発展する。消費における日用品や食料などの一部の商品については現金決済で行うことができるが、インターネットを介する商品販売が一般化している中で消費の大幅な低下を招くことになる。また、一般消費者にランサムウェア感染が伝播して脅迫されれば商品販売やサービス提供はできなくなり、高額な損害賠償を請求される可能性もある。

④　間接経済損害は過小評価

　「生産性・消費減少による損害」に次いで大きな損害が「間接経済損害」であり、3つのシナリオにおいて総損害額の約3割を占めている。デジタル機器がウイルス感染してサプライチェーンに影響が及べば、企業は「間接損害」を被ることになる。すなわち、港湾施設のITや在庫管理システムがダウンしてオペレーションが停止すれば、グローバルな海洋サプライチェーンが寸断されて世界経済に重大な損害が発生する。特に、中間部品の供給が大幅に低下する場合、生産活動の低下は全世界に及び負の連鎖を起こしかねない。

　筆者は、間接損害額が全体で3割であるというCyRiMレポートの想定は過小であると考えている。火災・爆発事故、自然災害などによって建物や生産設備に被害が生じた場合、事業中断による損害額は直接損害額と同等、あるいはそれ以上の割合を占めることはさまざまな事故、保険データなどからすでに確認されている。

　また、データ侵害から封じ込めるまでの期間と損害額の増大には相関関係があることを述べたが、前述のIBMの調査から封じ込めまでの期間が2017年が257日であったが、2022年は277日要しており、20日間延びている。こうしたことからも間接損害額は直接損害額と同額以上を見込む必要があると考える。

⑤　グローバルサプライチェーンの寸断による混乱の長期化

　グローバルサプライチェーンに一度重大な問題が生じるとその影響は長期間に及ぶ。新型コロナの世界的流行では、最初に工業生産を再開した中国から巣ごもり需要で家電、家具、玩具など輸入量が増えたアメリカのロサンゼルス、ロングビーチの貨物量が急増したが、両港で新型コロナの大規模クラスターが発生して港湾作業従業員が不足し、コンテナが滞留・港湾混雑が発生した。コンテナの偏在は世界の主要港に連鎖を起こし、混乱は問題発生から２年を経ても完全には解消されていない（**第６章**参照）。

　こうした事例からも、グローバルサプライチェーンに深刻なダメージを与えた場合には混乱は長期化し、間接損害額が直接損害額を大きく超える可能性があることに留意して最大損害額を推定する必要がある。

　いずれの分析からも、サイバー攻撃の経済に与える脅威は最大級の自然災害に匹敵する、あるいはそれを超える重大リスクであるということである。

サイバーセキュリティ——日本の現状

　企業はサイバー攻撃に対して、本書で掲げた最大損害の想定を自社の事業に置き直してリスク量を推計し、資本、収益性を考慮しながらリスク対策を講ずる必要がある。サイバー攻撃技術は日々向上しており、自社のコンピュータおよび IT システムをサイバー攻撃から守り、損害が発生しても対処可能な範囲内に抑えるためには、セキュリティを常に最新で十分な機能を持つバージョンに更新していく必要がある。それを怠ればサイバー攻撃の餌食になって思わぬ大損害を被りかねない。

(1) IT 人材の不足

　ところが、日本の場合はユーザー企業において IT 人材が不足しているという由々しき問題がある。

　図表 12（次頁）は、主要国の IT 人材の IT 産業と IT 産業以外（ユーザー企業）に分けた構成割合を示したものである。日本の IT 人材の人口に対する割合は 0.83％であり、主要国の中で図抜けて低い。さらに、ユーザー企業の割合が 28.0％と低く、人口に対する割合は 0.23％にすぎない。日本では IT 人材が不足しているが、中でもユーザー企業において IT 人材が大幅に不足している。

　DX を推し進めるためには IT 企業のみならずユーザー企業においても IT 人材を確保していくことが鍵となるが、サイバーセキュリティをしっかりとしたものにしていくためには企業内にも IT 人材が必要になる。

　日本がライバル国と伍して経済競争していく、あるいはグローバル西側サプライチェーンの重要なメンバーとして機能していくためには、サイバーセキュリティを欧米先進国と同程度の水準に引き上げていく必要がある。IT 人材の不足は重大なネックとなっており、早急な育成が日本の喫緊の課題となっている。

図表 12　一般企業におけるサイバーセキュリティ

	0%	25%	50%	75%	100%
日本	72.0(752.600人)			28.0(292.600人)	
米国	34.6(1.453.300人)		65.4(2.741.810人)		
カナダ	44.0(354.684人)		56.0(451.416人)		
イギリス	46.1(754.902人)		53.9(882.630人)		
ドイツ	38.6(462.080人)		61.4(735.019人)		
フランス	46.6(411.058人)		53.4(471.041人)		

■ IT 企業　□ それ以外の企業

国　名	人口（百万人）	IT（%）	その他企業（%）	合計（%）
日　本	125.6	0.60	0.23	0.83
米　国	334.8	0.43	0.82	1.25
カ ナ ダ	38.4	0.92	1.18	2.10
イ ギ リ ス	68.5	1.10	1.29	2.39
ド イ ツ	83.9	0.55	0.88	1.43
フ ラ ン ス	65.6	0.63	0.72	1.34

出典：経済産業省・みずほ情報総研株式会社「我が国における IT 人材の動向」（2021 年 2
　　月 8 日）。

原資料：情報処理推進機構 IT 人材育成本部編『IT 人材白書 2017』（2017 年 4 月）。国連『世
　　界人口白書 2021 年』。

(2)　サイバー攻撃の増加と新しいターゲット

　サイバー攻撃は国内のみからではなく海外からも仕掛けられるため、取り
締まることは現実的には難しい。

　2010 年代後半まで中国がサイバー攻撃の発信国となっている例が多く確
認され、最近はロシアが発信国となっている事例が増えているとされる。ロ
シアのウクライナ侵攻に関連して、敵対関係になった西側諸国の政府機関や
企業がロシアからとみられる攻撃性の高いサイバー攻撃を受けているが、サ
イバー攻撃の発信国は政治的に対立する国に限られるわけではない。サイ
バー攻撃はビジネスとして成立しており、アメリカ、オランダ、スイスなど

が発信国となっている事例も多い。

　すなわち、サイバー攻撃は地政学リスクとビジネスリスクの双方に関連しており、今後も増大し続けることは確実である。デジタル社会は始まったばかりであり、これから大きく発展する。荷物の自動配送が試験的に行われ、遠くない将来において自動車や船舶の自動運転も一般的交通・輸送手段になると予想されているが、これらもサイバー攻撃のターゲットになる。すべての企業、団体、個人と使用する電子機器がサイバー攻撃の標的になる。

(3)　保険によるリスクヘッジ

　EUではサイバー攻撃に対するセキュリティ導入を怠っていた場合に企業が罰金を科されることがあることを紹介したが、損害に対する政府の姿勢は自然災害などとは大きく異なる。すなわち、大規模な自然災害やパンデミックなどによって家計や企業に大きな被害が生じた場合、政府は被災者の生活や事業継続のために支援することがあるが、サイバー攻撃によって事業継続に支障が出る事態が発生しても自己責任の問題とされる。

　また、家計や企業が自然災害に対して防災を進めること、あるいは地震保険の購入に対して税金の優遇を受けられることがあるが、サイバーセキュリティの場合はそれを行うことによって、恩恵を受けられるわけではない。反対に、怠ったことによって第三者に損害が発生すれば損害賠償の対象にもなる。

　企業は、サイバー攻撃によって大きな損害が発生しても自助により対応するしかなく、サイバー保険や物理的損害を伴わない場合の事業中断に対する保険などを利用し、資本力を超えるリスクを保険市場にヘッジしていく必要がある。

第5章

気候変動と気象災害の巨大化
——人類最大のリスク

1　気候変動に対する世界の取組み

　1980 年代半ばにヨーロッパで酸性雨が森林を枯らし、湖水の水質が酸性化してそこに住む魚がいなくなった。同じ頃、南極上空でオゾンホールが発見され、紫外線を遮るオゾン層がなくなって生命体への脅威となっていることが確認された。産業革命以降の人類の経済活動によって排出された二酸化炭素、メタンガス、一酸化二窒素、フロンガスなどが気温上昇を招いて気候変動を引き起こし、自然環境を破壊して生態系全体に深刻な影響が及ぶことが次第に認識されるようになった。

　オゾン層破壊の主たる原因となったフロンガスの使用制限と回収には成果を上げ、酸性雨問題にも一定の成果を上げたが、最大の問題である地球温暖化には歯止めが掛かっていない。

　1992 年に「気候変動に関する国際連合枠組条約」が締結されたが、危機感が世界中で共有されるには至らず、その後も二酸化炭素をはじめとした温室効果ガスの排出総量は増加し続けている。

(1)　京都議定書

　地球温暖化に関する次の重要な取組みは、1997 年の第 3 回気候変動枠組条約締約国会議（COP 3）で採択された「京都議定書」である。重要な成果は各国の温室効果ガスの削減目標が定められたことであるが、温室効果ガスの排出量削減について世界各国の合意形成には至らなかった。

　当時の最大の温室効果ガス排出国であるアメリカは、アル・ゴア副大統領（当時）の主導によって当初は議定書に前向きであったが産業界の反対によって批准せず、カナダも批准しなかった。また、排出量が急激に増加していた中国やインドなどの新興国は、経済発展が遅れた歴史的事情と工業生産の国際競争力向上のために削減目標の設定に強く反発するなど、不完全な国際的枠組みとなっていた。

(2)　パリ協定

　18年後の2015年のCOP21で採択されたパリ協定では、温室効果ガスの2大排出国である中国とアメリカの同意の下で、産業革命前からの世界の平均気温上昇を「2℃未満」に抑えること、および気温上昇の上限目標値を「1.5℃未満」とすることを確認している。しかしながら、2017年1月にドナルド・トランプがアメリカ合衆国大統領に就任するとパリ協定離脱を表明し、2019年11月に協定を離脱した。結局、この段階でも世界の足並みは揃っていない。

(3)　気候変動サミット会議

　2021年1月にアメリカ合衆国大統領がジョー・バイデンに変わると就任早々にパリ協定への復帰を宣言し、4月に（新型コロナによる各国の移動制限のため）バーチャルで気候変動サミットを主催した。会議には、世界最大の温室効果ガス排出国である中国の習近平国家主席、アメリカに次ぐ第3位の排出国のインドのナレンドラ・モディ首相、第4位のロシアのウラジーミル・プーチン大統領、第5位の日本の菅義偉首相（当時）など26か国の首脳のほか、ローマ教皇フランシスコ、事業家のビル・ゲイツなども参加し、気候変動問題に早急に本腰を入れて取り組むことで意見の一致をみた。

　サミット会議では、カーボンニュートラル社会の実現を目指すための途中時点を2030年とし、どのような目標を定めるかが焦点となった。会議を主催したバイデン大統領は、アメリカのCO_2排出量を2030年までに2005年対比で50～52％削減するとし、オバマ政権時代の目標値を2倍近くに引き上げた。日本は、2019年にマドリッドで行われたCOP25で脱炭素化に消極的だとして環境団体から不名誉な「化石賞」を贈られたが、2021年のサミット会議では目標値を大きく引き上げ、菅義偉首相が2030年に向けて2013年度対比で46％削減することを表明している。

　中国の習近平国家主席は2030年の削減目標は示さなかったが、中国のCO_2排出量は2030年までにピークを迎え2060年までに実質ゼロを実現で

きるように努力する、という目標を表明している。

　また、インドのモディ首相は、同年に開催された COP 26 において 2070
年までに排出量実質ゼロを達成するという目標を表明している（2021 年 11
月 1 日）。

(4)　CO2 排出量の増加

　世界の主要国の首脳がようやく揃って温室効果ガスの削減に向けて重い腰
を上げた格好であるが、これで気候変動問題が解決するわけではない。そも
そも、各国首脳が掲げた CO2 削減目標数値を自国の方針とするには議会承
認などの手続が必要であり、議会や産業界などからの反発も予想される。ま
た、仮に削減目標値を設定しているヨーロッパ諸国、アメリカ、日本、韓国
などの国々が宣言どおりに目標値をクリアーするとしても、最大排出国の中
国、第 3 位のインドなど新興国の排出量は今後もしばらくは増加する。

　各国が具体的目標を設定して実現に向けて取り組むことが重要であるが、
取組みには結果が求められる。これまでのところは残念ながら、2021 年 8
月 9 日発表された「気候変動に関する政府間パネル（IPCC）」の第 6 次評価
報告書「自然科学的根拠（第 1 作業部会）」では、各国の目標設定地に対して
取組みが不十分である可能性があることを示唆する内容になっている。

　2030 年までに地球温暖化と気候変動の進行に歯止めを掛けるという目標
は非常に高いハードルであり、目標達成までのプロセスを再点検する必要が
ある。

(5)　ロシア産エネルギー供給量低下の反作用

　ロシアのウクライナ侵攻によるヨーロッパ諸国への天然ガスおよび石油の
供給量減少の影響は大きい。特に、火力発電に使う天然ガスが重要エネル
ギーとされるが、ドイツは自国で天然ガスを産出せず、大部分をロシアから
の輸入に依存している。輸入減少分は他国からの輸入に切り替えられるが、
短期間に減少分全量を切り換えることはできない。したがって、相当量を石

炭を増産して補うことになるため、CO2 の削減目標を後退せざるを得ない。他にもドイツと同様な事情にある国が多くあり、石炭による代替、あるいは原子力発電の発電量の引上げによって対応することになる。仮にすべての障害を克服して目標が達成されるとしても、気候変動がすぐに止まって元に戻るということではなく、気候変動と気象災害の激化は今後も進行する。

　ロシア・ウクライナ戦争によって世界の化石エネルギー供給量が大幅に減少するために技術開発の時間軸は大幅に短縮された。開発競争のギアが一気にトップに入れられたが、実用技術の開発までには時間を要する。

2　地球温暖化の進行

(1)　地球温暖化の影響

①　地球の気温変化

　地球温暖化がなぜ重大な問題なのか。気象災害の激化の問題はあるが、気象災害には地域的偏在性があり住み難くなった地域を離れて移動すればよいだけかもしれない。寒冷地が温暖化して新たな耕作可能地ができて住みやすい環境になり、北極海が通年船舶の通行が可能になれば経済活動範囲が広がる、という反論もある。

②　人類の快適環境

　地球上に氷河がある期間を氷河期といい、氷河期の中で地球の広い地域が氷で覆われる氷期と比較的暖かい間氷期が約 10 万年周期で交互に繰り返している。現在は、グリーンランド、北極、南極などに氷床が残る更新世（約 258 万年前に始まる）の第四紀氷河時代の約 1 万年前に始まった間氷期であるとされる。現在の平均気温は、過去 50 万年の間で最も高かった気温に近づいてきており、このままでは 10 数年でその気温に達し、さらにそれを超えていくと予想されている。

　人類の祖先が猿人の次の段階の原人となり、次の段階で旧人類とされるネアンデルタール人などが登場したのが 50 万〜 30 万年前である。現代人に繋がるクロマニヨン人、上洞人などの新人類が登場したのが約 20 万年前とされ、人類の歴史は現在よりも寒冷な時代に始まっている。また、自然環境も現在より寒冷な時代から形成が始まり、間氷期に多くの生命体が溢れる豊かな自然環境が花咲いている。人類の隆盛は自然の大きな恵みを受けることができた幸運による。ところが、これから人類と地球が直面する気温は多くの生命体にとって余りにも過酷で、現在の生態系は崩壊に向かう。

　人類にとって最も住みやすい状態が産業革命前の自然環境とされるが、人

類は自らの経済活動によって自然環境を破壊し、文化的社会生活の継続を危うくし、回復不能な状況に追い込んでいる。すでに科学的反論の余地はなく、さまざまな科学的研究が「温暖化の進行を食い止めなければ生態系に再生不能な深刻な影響を及ぼし、2050 年頃には 97 億人（2022 年：80 億人）になると予想される世界の人口の生活を支え、文化的社会生活を維持していくことは難しくなる。」という一致した結論を出している。

③ 気候変動による環境変化

気候変動と地球温暖化は環境にさまざまな変化を引き起こす。氷河や極地の氷の融解および海面表面温度の上昇による膨張が引き起こす海水面上昇、二酸化炭素が海水に吸収されることによる酸性度の上昇、降雨パターンの変化と地球上の乾燥地域の砂漠化の進行などの変化が起こり、生態系に再生不能な影響を及ぼす。すでに、IPCC をはじめとした機関によってヒマラヤやヨーロッパアルプスの氷河の後退、北極の海氷面積の減少、グリーンランドの氷床の融解量の増加（氷の量の減少）傾向が確認されており、南極においても氷床の融解が始まっているとされる。

また、耕作可能地域の減少による穀物生産、および水資源の減少によって食料不足を引き起こす。寒冷地の温暖化によって新たに耕作が可能となる地域が出てくるが、砂漠化や海面上昇による耕作地域の浸食・耕作地の減少は新たな耕作可能面積を大幅に上回る。

水資源の不足は、穀物生産のみならず南北問題の悪化（貧富の格差拡大）を招いて大量移民、テロ、国家間の紛争に発展し、社会不安の拡大が予想される。湖水面や河川を国境にしている場合、水量の変化によって国境が変化するような事態も起こる。また、海水面上昇による海岸線の後退や海抜の低い島の消滅によって領海や排他的経済水域（EEZ）が変更され、紛争の原因になりうる。さらに、近年では毎年のように世界のどこかで巨大気象災害が発生しているが、気象災害の激化と大型災害の発生頻度の上昇は、社会生活と経済活動に重大な脅威となってきている。

　地球温暖化が地球自体の変化によるもので人類の対応力を超えるものならば、われわれは地球と運命を共にするしかない。しかしながら、温暖化が人間の経済活動の副産物であり、経済成長を犠牲にしても「食い止めることができるなら食い止める」しかない。

④　1.5℃と2℃の意味の違い

　パリ協定で「2℃未満」を上限目標とし「1.5℃未満」を最低目標としたことには重要な意味がある。まず、「2℃未満」という上限目標は、過去50万年の間で地球が最も温暖であった時期の平均気温は現在より2℃高温であったという研究があり、2℃を超えると生態系が適応できなくなるという重大な懸念がある。

　図表1は気象庁のWebサイトに掲載されている世界の平均気温の推移を示したグラフであるが、世界の平均気温は産業革命時からすでに1.2℃上昇している。現時点の予測では早ければ2030年頃に気温上昇が1.5℃に達し、

図表1　世界の平均気温上昇

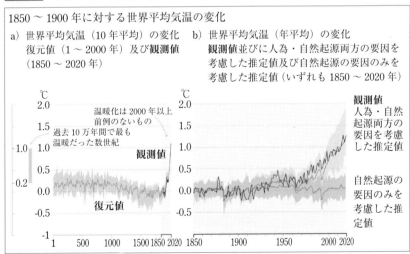

出典：「第Ⅰ作業部会報告書（自然科学的根拠）の公表について」環境省「気候変動に関する政府間パネル（IPCC）第6次評価報告書」（2021年8月9日）。

手をこまねいていれば 2100 年頃には世界の平均気温は 4℃上昇することになる。

⑤　1.5℃の重要性

「1.5℃未満」にも科学的に導き出された重要な意味がある。すなわち、気温上昇 1.5℃が地球環境を大きく変化する境目であるとされ、気温上昇が 1.5℃を超えるとさまざまな変化が不可逆的になり、地球環境を二度と元に戻せなくなると予想されるためである。

したがって、限界点とされる 2℃ではなく、何としても気温上昇を 1.5℃未満に抑える必要があるということである。では、1.5℃と 2℃の間には地球環境の変化としてどれほどの違いがあるのだろうか。

図表 2 は IPCC の「1.5℃特別報告書」から、気温上昇が 1.5℃の場合と 2℃の場合の環境への影響について具体的数値によって比較された項目を拾い上げたものである。

図表 2　気温上昇による地球環境への影響——1976 〜 2005 年基準との比較

	気温上昇 1.5℃	気温上昇 2℃
干ばつリスク（世界人口）	35.02 ± 15.88 千万人増加	41.07 ± 21.35 千万人
洪水リスクに曝される世界人口（世界人口）	2 倍	2.7 倍
2100 年までの平均海面水位上昇	26 〜 77cm	1.5℃の場合の + 10cm（リスクに曝される人口が最大 1 千万人増加）
南極の氷床の不安定化および／またはグリーンランドの氷床の不可逆的消失		数百年から数千年に亘って海面水位が数 m 上昇
生物種の地理的範囲の喪失	昆虫：6 %、植物：8 %、脊椎動物：4%の種の生息域が半減	昆虫：18%、植物：16%、脊椎動物：8%の種の生息域が半減
サンゴ	生息域の 70%〜 90% 減少	生息域の 99% 減少
海洋の年間漁獲高	150 万トン減少	300 万トン減少

出典：環境省『IPCC「1.5℃特別報告書」の概要 2018 年度』（2019 年 7 月版）。

⑥　メタンガスの放出

前掲図表２には記載していないが、IPCC の報告書では、気温上昇が 1.5℃ を超えれば「永久凍土が融解して CO2 以上に温室効果の強いメタンガスが大気中に大量に放出され、地球温暖化が連鎖的に拡大する。気温上昇を 1.5℃ までに抑えることで 150 万〜 250 万 km² の永久凍土の融解を何世紀にも亘って防ぐことができる。」としている。反対に、気温上昇が 1.5℃ を超えれば、広範囲で永久凍土の融解が始まりメタンが放出し尽くされるまで温暖化が進行する。その結果、2100 年には気温が 4℃ 上昇すると予測されている。

多くの科学者の一致した予測は、「気温上昇 1.5℃ が地球環境を崩壊させない上限であり、2℃ を超えると温暖化の連鎖を止められなくなり、地球環境に多くの不可逆的変化が起こって環境が崩壊する。」ということである。

(2)　環境崩壊

環境崩壊による人間社会への影響とはどのようなものであろうか。具体的には次のような変化が起こると予想されている。

①　海水面上昇

陸上の氷床・氷河の融解と海面表面温度の上昇による膨張によって海水面が上昇する。ブェニスや南太平洋のツバル諸島はすでに水没の危機にあり、インドやバングラデシュでは海外線が内陸に数百 m にわたって削り取られる場所が出てきている。海水面上昇がさらに進めば世界中の海岸線が後退し、海抜の低い土地にある都市や住宅、工場地帯では浸水リスクが高まる。居住地や工場地帯の内陸への移動、地面の嵩上げ、護岸工事や堤防の嵩上げ・強化を行う必要が生じるが、対応には限界がある。

また、グリーンランドの氷床やアルプスの氷河の融解が進むと地球温暖化とは裏腹にヨーロッパでは寒冷化し、農作物の生育をはじめとしてさまざまな影響が及ぶ。降雨パターンも変化して多くの地域で水資源問題が悪化する。凶作年の発生頻度が上昇すると共に、大陸の内陸部の乾燥地帯では砂漠

化が進み、耕作可能地域が減少していく。台風・高波、豪雨などの気象災害も激化する。

②　生態系の崩壊

　森林面積の減少や海洋の酸性化も地球環境に重大な影響を及ぼしつつある。アマゾンなどの熱帯雨林が開発目的で伐採され、二酸化炭素を大量に吸収する自然の機能が後退している。アメリカやオーストラリアなどでは気温上昇と乾燥化が原因とみられる大規模森林火災が毎年のように発生し、広い地域を消失して負の循環を起こしている。

　海洋も空気中の二酸化炭素を吸収して海洋の酸性化が進んでいる。IPCC（2013）によれば、「1750年から現代までに表面海水中のpHは全海洋平均で0.1低下しており、今世紀末までにさらに0.065から0.31低下する」[1]と予測されている。酸性化がさらに進めば貝類や甲殻類が殻を形成できなり、小魚の住みかとなっているサンゴ礁が死滅する。小魚や貝類・甲殻類が減少すれば、それらを捕食する大型の魚や鳥など海洋の生態系全般に重大な影響が及ぶ。

　また、地球温暖化によって北大西洋で深層循環が弱まる可能性が指摘されており、地球規模の海流（海洋大循環）が弱まる場合、アジアやアフリカのモンスーンに大きな変化を及ぶなど地球全体の気象に大きな変化を及ぼすことが予想される。

　生態系への影響として、ホッキョクグマをはじめとした寒冷地の動物の絶滅危機が叫ばれている。生物の多様性の喪失が人類の社会生活に与える影響については不明な点が多く、経済的損失額の算定も難しい。しかしながら、すでに魚類の生息域や資源量にも大きな影響が出始めるなど顕著な影響が表

---

1)　気象庁「海洋酸性化の知識——海洋酸性化」。

　　https://www.data.jma.go.jp/gmd/kaiyou/db/mar_env/knowledge/oa/acidification.html

れ始めており、われわれの食生活にも影響が及んでいる。一方、単位面積当たりの穀物収穫量は、気温上昇幅が3℃以下であれば空気中の二酸化炭素増加の効果によって一定の増加が見込めるという研究がある。しかしながら、それすらも必要な水資源が確保できるという前提が付く。

③　食料危機と地政学リスクの上昇

国連が発表した『世界の食料安全保障と栄養の現状』報告書[2]によれば、2020年に世界では最大8億1,100万人が十分な食料を得られずに飢餓状態にあるとされる。気温上昇とさまざまな変化を総合的に勘案すれば、今後食料生産の伸びは鈍化し、次第に減少に転ずる。

加えて、ロシア・ウクライナ戦争によって穀物供給量が減少してすでに食料危機を招いており、世界人口が増え続ける中で食料問題はさらに深刻化する。また、水資源問題や食料不足の問題は経済的に貧しい国にしわ寄せされるため、南北問題の状況が悪化し、大量移民、地域紛争、テロなどの社会問題を引き起こし、地政学リスクが深刻化する。

---

2) Food and Agriculture Organization of the United Nations "2021 The State of Food Security and Nutrition in the World"

3 これまでに経験したことのない気象災害

(1) 気象災害の激化

　2005年にアメリカの南東部を襲い洪水によってニューオリンズが壊滅的被害を受けたハリケーン・カトリーナ、2011年にタイ北部のチェンマイから中部のバンコクまでの広い地域が半年以上にわたって浸水したタイ洪水、2017年の3つの巨大ハリケーン（ハーベイ、イルマ、マリア）、2018年および2019年に日本で連続して起きた大型台風の襲来や豪雨災害やなど、地球温暖化によって気象災害が巨大化した事例が確認されている。

　地球の水分量は一定であるが、気温が上昇すれば海や川、湖のほか、地中に含まれる水分の蒸発量が増えて大気中の水分量が増加し、増加分も雨となる。台風や豪雨の時期には特に顕著な現象となって表れ、「これまで経験したことのない雨量」となって地表に降ってくる。

　これまでの経験値に基づいて防災をしている場合、降雨量が想定内であれば大きな被害は防ぐことができる。ところが想定雨量を超えれば一気に河川氾濫を起こして広域で洪水が起こる。同様に、想定を超える高潮に見舞われれば一気に沿岸地域が広域にわたって浸水する。したがって、降雨量が5%、あるいは10%増加する場合、経済損害は5%や10%ではなく、降雨量の増加分の何倍にも大きくなる。

(2) WHO による気象災害の調査

　図表3（次頁）は、国連の専門機関である世界気象機関（WMO）による1970年以降の50年間の気象災害の発生件数、死者数、経済損害額の調査したものである。

① 経済損害額の上昇

調査によれば、1970年以降、暴風雨、洪水、干ばつなどの気象災害の発

生件数は、気候変動や異常気象の発生頻度の上昇によって過去50年間で5倍に増加している。災害による死者数は早期警戒システムの改善によって大幅に減少しているが、経済損害額は大幅に増大している。

　1970年から1979年までの10年間の1日当たりの経済損害額は約4,900万ドル（約53億9,000万円）であったが、2010年から2019年までの10年間に報告された損害額は1日当たり約3億8,300万ドル（約421億3,000万円）に上昇しており、1970〜1979年の損害額の8倍にも膨れ上がっている。

図表3　1970年以降の世界の気象災害の発生と死者数および経済損害額

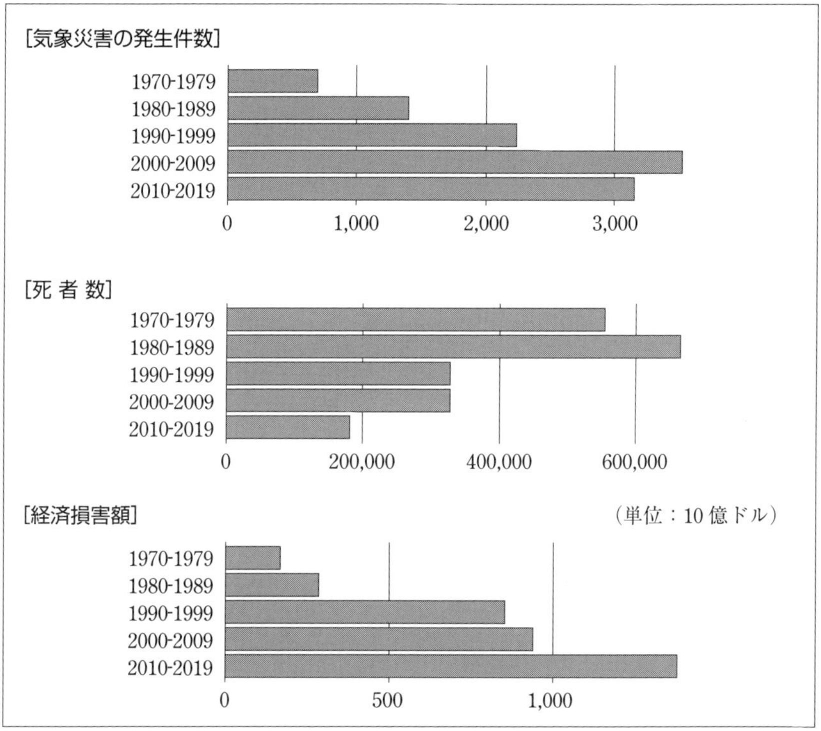

出典：世界気象機関（WMO）2021年報告書。グラフ化はBBCによる。

②　世界の10大気象災害

さらに注目すべき点は、2010年からの10年間の気象災害の発生件数は前の10年間より減少したにもかかわらず、経済損害額は大幅に上昇したことである。

図表4は、同じくWMOのレポートに掲載された、経済損害額を基準にした世界の10大気象災害である。

気象災害の上位10位までのうち、実に半数の5つの災害が2010年以降の10年間に発生している。2005年にニューオリンズ市のほぼ全域を水没させたカテゴリー5のハリケーン・カトリーナ（上陸時はカテゴリー4）はスーパーハリケーンとして知られるが、2017年の3つの大型ハリケーンの損害額合計2,244.9億ドル（24兆6,939億円）はハリケーン・カトリーナの損害額1,636.1億ドル（17兆9,971億円）を大きく上回る。

また、2017年の3つのハリケーンによる経済損害額合計は上位10個の気象災害の経済損害額合計の35％を占めており、気象災害は顕著な激化傾向

図表4　経済損害額による世界の10大気象災害（1970年以降）

発生年	災害の名称	発生場所	経済損害額※	
2005年	ハリケーン・カトリーナ	アメリカ	1,636.1億ドル	（17兆9,971億円）
2017年	ハリケーン・ハーベイ	アメリカ	969.4億ドル	（10兆6,634億円）
2017年	ハリケーン・マリア	アメリカ	693.9億ドル	（7兆6,329億円）
2017年	ハリケーン・イルマ	アメリカ	581.6億ドル	（6兆3,976億円）
2012年	ハリケーン・サンディ	アメリカ	544.7億ドル	（5兆9,917億円）
1992年	ハリケーン・アンドリュー	アメリカ	482.7億ドル	（5兆3,097億円）
1998年	長江洪水	中国	470.2億ドル	（5兆1,722億円）
2011年	タイ洪水	タイ	454.6億ドル	（5兆0,006億円）
2008年	ハリケーン・アイク	アメリカ	356.3億ドル	（3兆9,193億円）
1995年	北朝鮮洪水	北朝鮮	251.3億ドル	（2兆7,643億円）

※　経済損害額の（円）は1ドル@110円で筆者が換算。

出典：世界気象機関（WMO）2021年報告書。

を示している。

③　経済損害額上昇の要因

自然災害による経済損害額の高騰化の背景には２つの要因がある。

　１つ目は、経済成長によって産業施設や建物などの経済価値が上昇、および大都市や工場地帯への産業価値の集中による損害の高額化であり、気象災害のみならず地震・津波を含むすべての自然災害に当てはまる。

　２つ目の要因は、気温と海水面温度の上昇による気象災害の激化である。気象災害の損害額は、２つの要因が重なることによって急速に高額化していると考えられる。

　第二次世界大戦後の平和と高度経済成長、さらには土木技術と重機の発達によって先進国を中心に河川堤防や防潮堤の整備が進んだ。しかしながら、過去に経験したことのない降雨や高波、想定を超える河川への流入水量があれば、大量の水が堤防・防潮堤を越え、あるいは破壊して住民の居住地域、農地、工場地帯が浸水して大きな被害が発生する。

　ハリケーン・カトリーナではニューオリンズ市の陸上面積の８割が水没し、タイ洪水では北部のチェンマイから中央部のバンコクまで58県が浸水し、浸水面積は600万ha以上に及んでいる。日本企業も多く進出していた7つの近代的工業団地は過去の経験値に基づいて洪水対策がされていたが、最大３m浸水している。

(3)　日本の気象災害

地球温暖化による気象災害の激化について、日本ではどのように考えるべきだろうか。日本列島の地理的条件と過去の台風と豪雨の経験から気象災害の激化についてみてみたい。

　日本列島は、ユーラシア大陸の東の端の中緯度に位置してモンスーンと台風の影響を受ける。日本列島の立地の特異性によって降雨に恵まれ、火山噴火によって新鮮な土壌に恵まれて多くの生命体が育まれている。世界でも稀

にみる豊かな自然環境に恵まれているが、その副産物として、大地震・大津波や気象災害が日本列島に住む人々を苦しめてきた。

弘安の役台風（1281 年、第 2 回目の元寇）は「神風」伝説となり、江戸時代末期以降では、過去 300 年間に日本を襲った最強台風とされるシーボルト台風（1828 年）、昭和の 3 大台風とされる室戸台風（1934（昭和 9）年）、枕崎台風（1945（昭和 20）年）、伊勢湾台風（1959（昭和 34）年）などの大規模な台風と洪水によって多くの人命が奪われ、建物の倒壊や浸水によって広い地域で大きな被害が発生している。

① 近年の台風・洪水

近年の日本の降雨の激化と台風の大型化について、台風や豪雨がこれまでの観測データを超え、河川氾濫などの災害の発生が予想される場合、気象庁は「これまでに経験のない」という言葉を繰り返して住民に命を守るための避難行動を行うように呼び掛けている。中でも 2018 ～ 2019 年は、大型の台風や豪雨による大規模な災害が頻発している。

2018 年の西日本豪雨では、多くの河川が氾濫して 200 人を超える死者を出し、広域で上下水道、道路、通信などのライフラインが寸断されたが、気象庁の研究では、温暖化の影響で降雨量が 6% 前後増加した可能性があるとしている[3]。また、同年の台風 21 号は関西の広い地域で強風による大きな被害が発生し、強風によってタンカーが関空連絡橋に衝突し、さらに高潮によって関西国際空港が浸水して空港に多くの孤立者を出している。

関西国際空港は、1994 年に開港した日本を代表する近代的国際空港であり、気象災害に対しても万全であると思われていたが、浸水によって空港機能が完全復旧するまでに 17 日間を要している。ミュンヘン再保険会社は台風 21 号による経済損害額を 182 億ドル（2 兆円）と推計しており、保険金支

---

3) 川瀬宏明「地球温暖化で変わりつつある日本の豪雨」（気象庁環境・応用気象研究部、2018）。

払額は 1 兆 2,000 億円（損害保険会社と JA 共済連の合計）に上る。

　翌年の 2019 年には 2 つの大型台風が日本を襲っている。台風 15 号では千葉県を中心に強風による大きな被害が発生し、長期間の停電を起こし社会・経済活動に大きな影響が出し、続く台風 19 号は、関東から長野県などの中部、宮城県を中心とした東北地方に及ぶ強風被害と豪雨によって広域で河川氾濫が発生している。

　千曲川の氾濫では長野市の新幹線車両基地が浸水し、停められていた北陸・長野新幹線の 10 編成の車両すべてが廃車となった。新幹線車両の廃車に約 120 億円、運休や駅ビル休業などによる損失は約 180 億円に達している。さらに復旧費用として約 165 億円が見込まれ、新幹線関連の合計損害額は約 465 億円にもなる（JR 東日本、2020 年 1 月 30 日発表）。関西国際空港や長野の新幹線車両基地の例は、洪水・浸水リスクを過小評価していた、あるいは十分に意識していなかったことが招いた高額損害である。

②　昭和の 3 大台風

　では、日本の気象災害についてどのような想定をしなければならないのか。昭和の 3 大台風とされる室戸台風、枕崎台風、伊勢湾台風、および第二室戸台風の強さ（エネルギー）は最近の大型気象災害を大きく上回る。

　中でも名古屋地区を襲った伊勢湾台風の被害が大きく、強風と激しい降雨、高潮によって広い地域が浸水し、5,000 人を超える死者・行方不明者を出している。鉄道や道路、港湾施設も大きな被害を受けて中部地区の経済活動が麻痺し、東京と大阪を結ぶサプライチェーンが寸断された。経済的被害の大きさでは、関東大震災に次ぐ、あるいは匹敵するとされ、東日本大震災を大幅に上回る。

　伊勢湾台風に関する経済損害総額を推計した資料は見当たらないが、被害が大きかった愛知・三重両県の損害額が 5,050 億円と推定されており、両県の経済損害額だけでも当時の日本の GNP 1 兆 3,190 億円の約 4 割に相当する（数値は内閣府）[4]。なお、東日本大震災の経済損害額（16 兆 9,000 億円）

図表5 台風の強さの比較——昭和の代表的台風と2018・2019年の台風の比較

上 陸 年	台 風 名	上陸時気圧	上陸地点	最大風速	最大瞬間風速
2018年、2019年の台風					
2018年	台風21号	950 hPa	徳島県南部	45 m/s	57.4 m/s
2019年	台風15号	960 hPa	千葉市	40 m/s	58.1 m/s
2019年	台風19号	955 hPa	伊豆半島	40 m/s	44.8 m/s
昭和の代表的台風					
1934年	室戸台風[※1]	911.6 hPa	室戸岬	NA[※2]	60 m/s 以上
1945年	枕崎台風[※1]	916.1 hPa	枕崎	51.3 m/s	75.5 m/s
1959年	伊勢湾台風	929 hPa	潮岬	45.4 m/s	55.3 m/s
1961年	第二室戸台風	925 hPa	室戸岬	66.7 m/s	84.5 m/s

※1 室戸台風と枕崎台風は統計開始以前の参考記録。
※2 室戸台風の最大瞬間風速は60 m/sを超えたところで観測機器が故障し測定不能。最大風速のデータなし。
出典：気象庁データ。

のGDPに対する割合は約4％だった。

　図表5は、2018年、2019年の台風と昭和の代表的台風の強さを比較した表である。台風被害は、気圧、最大風速、最大瞬間風速以外にもその進路と速度、暴風域の大きさ、降雨量、高波の規模、さらには被災地の防災の状況によって大きく異なるが、ここでは比較を簡単にするために項目を絞り込んだ。

③ スーパー台風襲来の高い蓋然性

　では、昭和の大型台風を気象災害の最大想定とすればよいかといえば、そうではない。台風のエネルギーは海水面温度と密接な関係があり、過去の強

大な台風は海水面温度が高い中部地区以南に多い。しかしながら、日本近海
の海面水温は 2018 年までの 100 年間に 1.21℃上昇しており [5]、上昇傾向が
続いていることから昭和の大型台風が襲来した頃より平均海水面温度が高く
なっている。

　今日の関東や東北沖の海水面温度は、昭和年代の中部・関西沖の温度に上
昇しており、台風がエネルギーを増大・維持できる高温の海水面が広い海域
に広がっている。今後は、関東以北においても伊勢湾台風クラスの襲来が予
想され、中部以南では歴史上の大型台風を超える気象災害が発生する可能性
が高くなっている。

　アメリカを襲った 2005 年のハリケーン・カトリーナと 2017 年の 3 つのハ
リケーンが気候変動と地球温暖化の影響で巨大化したハリケーンであること
を紹介したが、日本に伊勢湾台風クラス、あるいはそれを超える台風が 60
余年にわたって襲来しなかったことは幸運であったということにすぎない。

(4)　防災と保険

　近代的防災は関東大震災を契機に建物の耐震基準が導入され、その後も大
小さまざまな地震体験や防災研究によって耐火素材の使用基準などを含めて
防災技術の向上と取組みの強化が図られてきた。

　また、新潟地震を契機に「地震保険に関する法律」および「地震再保険特
別会計法」の公布・施行（1966 年）によって家計地震保険制度が導入され、
阪神・淡路大震災や東日本大震災などを契機に、普及率の向上と保険金額の
引上げなどの制度の拡充が行われてきている。

　気象災害については、伊勢湾台風を教訓として「災害対策基本法」（1961
年）によって高波・洪水対策などの基準が設定され、その後の経済成長に歩

---

[5]　気象庁ホームページ。
　　https://www.data.jma.go.jp/gmd/kaiyou/data/shindan/a_1/japan_warm/japan_warm.
　　html

調を合わせて災害予防、災害発生時の対策や救援、復旧などの防災対策が拡充されてきている。

①　防災の見直し

増大する気象災害リスクに対して、国土交通省、都道府県が近年の降雨の激化を踏まえ最大降雨想定に基づいて洪水浸水想定区域図を作成しており、市区町村も洪水ハザードマップを作成している。それらを見れば、多くの住民が生活し、高い経済価値が集積する多くの地域が洪水の危機に晒されていることが一目でわかる。

たとえば、東京の荒川、大阪の淀川、名古屋の庄内川等の周辺地域では、住宅地区、商業地区、工業地区が広い面積が巨大洪水に見舞われることが想定されている。

しかしながら、繰り返し述べているとおり、地球温暖化は現在も急速に進行を続けていることから、ハザードマップや被害想定は作成から数年も経てば最大想定ではなくなる。また、IPCC 第 6 次評価報告書によれば、2100 年までに海面水位は 1950 年より最大 1m 高くなると予想されており、海面水位の上昇にも注視して高潮および津波対策を講じていく必要がある。

命を守り、経済損害をできるだけ小さく抑えてサステイナブルな社会を実現していくためには、気象災害の激化傾向を踏まえて防災の見直しを図っていくことが重要である。政府・行政においては河川堤防や防潮堤の嵩上げ、強度の強化などが必要となり、個人や企業においても建物の建替えに際しては立地条件の再検討が必要になる。また、避難場所・避難方法の改善、被災者に対する生活支援、医療手当て、ボランティアの受入れと効率的な運用、被災地域の復旧などについて、政府と地方自治体の取組みの強化と体制整備が必要になる。

②　保険引受能力の拡充

気象災害の規模と頻度が急速に増大していく中で、スーパー台風の襲来や

長期間の線状降水帯の発生による被害想定を考えれば、防災を拡充するとしても高額の経済損害の発生は避けられない。

　経済損害に対しては保険の利用拡大による経済的備えの拡充が重要になるが、大規模自然災害の発生頻度の上昇と損害額の高額化傾向によって、民間の保険会社による保険カバーの拡充は遠からず制約を受けざるを得なくなる。保険会社の引受能力を補完する国際再保険市場のキャパシティには余裕があるが、損害額の上昇によって再保険料も上昇するので遅かれ早かれ運用に無理が生じることになる。

　日本には、家計分野の地震リスクについては官民の運用による家計地震保険制度があり、政府が信用保証している。企業分野の地震リスク、企業・家計両分野の気象災害リスクに対しては民間資本による保険が提供されているが、政府の信用保証はない。国際再保険市場動向に左右されない大規模な国内再保険ファンドを整備する必要があり、欧米やアジア諸国にある政府の信用保証による保険リスクプールや再保険の仕組みを参考にして、家計地震保険以外の自然災害についてもリスクを引き受ける機構を日本国内に創設する必要がある。

4 気候変動対策のコスト

気象災害による経済損害は、大規模なパンデミック、巨大地震、グローバルサプライチェーンを長期間にわたって混乱させるサイバーテロなどと同様に巨額であり、頻度では他の巨大災害を上回る。それどころか、今後も気温上昇とそれによる海水面温度の上昇が続くことから気象災害はさらに激化し、経済損害もさらに大きくなっていくものと考えられる。

それでも、気象災害による直接的損害は気候変動による損失全体の一部にすぎず、農業の生産性の低下と凶作年の増加、砂漠化による耕作可能面積の減少、海水面上昇による沿岸地域の浸食などの被害などは経済損害額の算出に含まれておらず、本来はそれらの影響についても考慮する必要がある。さらに、損害を経済的価値に置き換えることは難しいが、進行中の生態系への影響もある。

気温上昇を 1.5℃（あるいは 2℃）までに抑えるためには前述のとおり 2030 年までに CO2 排出量を半減し、2050 年までにゼロエミッションを達成する必要があるとされる。これまでの省エネ技術向上、植林による環境改善などの延長線上の対策で達成できる目標ではなく、化石燃料の使用については代替が難しい一部の使用目的に限定し、それ以外はすべてグリーンエネルギーに転換するしかない。

(1) SDGs と ESG
① SDGs

前述のとおり、日本、アメリカ、EU 諸国をはじめとして世界中の多くの政府は、世界共通の目標に向けて自国の CO2 排出量の大胆な削減目標を掲げている。

また、多くの企業が 2015 年に国際社会の共通目標として国連で採択された SDGs（持続可能な開発目標）を自社の重要な施策として掲げ、役職員がカ

ラフルなバッジを付けているのを見かける。バッジは 17 色（17 のゴール）で構成されており、ゴールの中には、「気候変動に具体的な対策を」のほか、「海の豊かさを守ろう」、「陸の豊かさを守ろう」、「エネルギーをみんなに、そしてクリーンに」など、自然環境の維持に関するゴールが多く掲げられている。

② ESG

SDGs と並んで ESG 投資という言葉をよく耳にする。Environment（環境）、Social（社会）、Governance（ガバナンス）の 3 つの頭文字を取った言葉であるが、企業への投資を検討する場合、財務諸表とビジネスプランのみから判断するのではなく、社会から支持され、安定的かつ長期的に成長する企業を見極める必要があるという考えである。一方、投資家から選ばれる企業とは、環境（E）や社会（S）問題に積極的に取り組み、企業のガバナンス（G）がしっかりしている企業であり、投資の決定にあたっては ESG の評価が重要な鍵になる。

　環境問題をはじめとした社会への貢献に高い関心が集まる今日の社会において、SDGs は企業のブランド力を高めるうえで重要な要素となり、企業の資本力は ESG の評価によって大きく影響を受ける。こうした動きは気候変動問題に対する取組みとしても非常に有効である。

③ SDGs と採算性

　各国の政府は、気候変動問題への取組みを強化させつつも、グローバルな経済競争において自国経済の優位性を確保して国民に経済的な豊かさを提供するという重要な責務を負っている。

　企業においても同様である。SDGs は企業の重要な取組みであるが、取組みの許容範囲は収益性を大きく損なわないことが前提となる。そのうえで、高いブランド力と価格競争力を両立させて国際的企業間競争に勝ち残り、株主や従業員などのステークホルダーの利益を最大化していくことが経営目標

となる。

④　グリーンエネルギーのコスト

　エネルギーをコスト面から考えた場合、石炭、石油、天然ガスの経済性は
グリーンエネルギーより優れており、グリーンエネルギーへの転換はコスト
高を招く。また、化石エネルギーの施設や設備をグリーンエネルギー仕様に
変更するためにも費用が掛かる。加えて、風力、太陽光、地熱発電などの大
容量化、効率的なパワーグリッドや（大容量）蓄電技術の向上、カーボン
ニュートラルの技術開発にも高額な投資が必要になる。

　新たなグリーンエネルギーとして、藻類による炭化水素燃料、余剰電力で
作った水素と濃縮回収した二酸化炭素を合成する e-Fuel、潮流発電、あるい
は再生エネルギーではないが次世代原子炉とされる小型モジュール炉などの
研究開発が行われている。また、カーボンニュートラル技術としては、排出
された二酸化炭素を地中に貯蔵・再利用する CCS ／ CCUS、人口光合成、
水素タービンによる火力発電などの技術開発が行われている。

　グリーンエネルギー技術の研究開発を継続・発展させていくためには、そ
れらの技術のあらゆる可能性を検証していく必要があるが、すべての技術開
発が実用化に成功するわけではない。しかしながら、民間の投資について
は、さまざまな技術への投資総額に対する妥当なリターンが期待できるこ
と、および化石エネルギーとの価格差が一定期間内に許容範囲内に縮まるこ
とが前提になる。

　そのため、グリーンエネルギー開発に対しては政府からの支援を継続的に
行う必要がある。同時に、グリーンエネルギーを購入する企業や個人の利用
者に対しては、エネルギー源の変更のための費用や生産コストの上昇分に対
して、政府からの補てん、あるいは一定の支援が必要になる。SDGs および
ESG 投資は歓迎すべき社会の機運であるが、実際に取組みを大きく前に進
めていくためには政府の踏み込んだ支援が大前提になる。

　政府においては、気候変動の抑制、SDGs、ESG 投資を進めていくうえで

の財源が必要になるが、財政状況の厳しさが増している中で他の費目から調整して捻出する余裕はなく、新たな財源を確保する必要が生じる。そこで、経済学のアプローチが必要になる。気温上昇による損害額と温室効果ガスの削減のための費用を合算して総経済コストとして考える場合、気温上昇が続けば気候変動・気象災害による損害額が大きく拡大していくため、早急に手を打たなければ経済コストがますます上昇する（ただし、ここでいう総経済コストは、農業、海面上昇、気象災害など算出可能な損害額の合計であり、生態系への被害などの推定困難な損害は含まない）。

(2)　炭　素　税

①　ウィリアム・ノードハウスの DICE モデル

　2018 年にノーベル経済学賞を受賞したウィリアム・ノードハウスは、トレードオフともいえる「CO2 排出量の大胆な削減」と「経済活動の効率性と自国の優位性の確保」の 2 つの目標を同時に達成していくための重要な研究と提言を行っている。

　ノードハウスのノーベル経済学賞受賞は、気候変動や技術革新と経済成長の関係を定式化し、気候変動の影響を経済成長の要素の一つとして分析する「総合評価モデル（DICE model：Dynamic Integrated Climate-Economy model）」を確立したことに対する評価による。気温上昇幅に対する損害額を推定するためには、産業ごとに気温上昇による損害額を推定して積み上げる作業、および経済成長、技術の進歩による温室効果ガス排出量の削減、消費活動などのさまざまな要素について計算を積み上げる必要がある。ノードハウスはIPCC による気温上昇とその影響の研究を踏まえつつそれらの要素を公式化し、損害額と CO2 削減に掛かる費用の推定を可能にした。ノードハウスはまた、CO2 排出量削減費用の捻出方法として炭素税とキャップ・アンド・トレード（温室効果ガス排出企業や事業の排出量に上限を設定し、余剰排出量と不足排出量で売買する仕組み）の導入を唱えている。

　温室効果ガス排出量の削減のための費用を論ずるには、まず気温上昇によ

る損害額を推定する必要がある。ノードハウスは、『気候カジノ　経済学から見た地球温暖化問題の最適解』[6]の中で、リチャード・トールの研究を引用して気温上昇と総損害額の関係は一定の公式で説明できるとしている。DICE モデルの定式化やパラメーターには不確定要素が大きく温暖化シナリオもさまざまであるが、重要な参考であることについては多くの科学者が同意している。

②　気温上昇による経済損害額と抑制コスト

　ノードハウスは、推定損害額についてはさまざまなシナリオがあることを断ったうえで、気象上昇幅が 2.5℃の場合の推定損害額について、中位推定を GDP の 1.5% 前後（最大シナリオは 5% 程度）として試算を行っている。「アメリカ経済の場合、気温上昇を 2.5℃前後に抑えるためには二酸化炭素 1 トン当たり 25 ドルが必要になるとして算出すると、GDP の 1 ％程度となる。それを炭素税としての徴収する場合、2020 年に 1,680 億ドルの歳入が見込める。」とし、一方、「50 年間行動を先送りした場合の損害額は 6 兆 5,000 億ドルにのぼる。」としている。ただし、引用部分の GDP は原文が出版された 2013 年当時の GDP を前提にしており、気温上昇についても 2.5℃前後に抑えるとしている。今日の状況とは異なるが、基本的な考え方は今日においても有効であると考える。

　図表６および図表７（次頁）は、DICE モデルによる気温上昇による損害コストと（温室効果ガスの中で最も大きな割合を占める）CO2 を削減するための費用との関係を示したものである。具体的数値を示すために、本書ではキヤノングローバル戦略研究所の杉山大志氏がノードハウスの DICE モデルに基づいて計算した数値を引用する。

　図表６・７より、２つのことがわかる。すなわち、１つ目は、気温上昇が

6）ウィリアム＝ノードハウス著・藤崎香里訳『気候カジノ 経済学から見た地球温暖化問題の最適解』（日経 BP 社、2015）英語原文は 2013 年に出版。

図表 6　DICE モデルによる損害コスト

気温上昇	損害コスト（GDP に対する比率）
1 ℃	0.14 %
2 ℃	0.58 %
3 ℃	1.30 %
4 ℃	2.30 %
5 ℃	3.60 %

出典：キヤノングローバル戦略研究所研究主幹杉山大志「ノーベル賞を獲得したノード
　　　ハウスの DICE モデル：地球温暖化の被害は CO_2 削減の費用を正当化するのか」
　　　（NPO 法人国際環境研究所ホームページ、2019 年 1 月 25 日）。

図表 7　DICE モデルによる CO2 削減率と CO2 削減費用

CO2 削減率	CO2 削減費用（GDP に対する比率）
10 %	0.01 %
20 %	0.07 %
30 %	0.21 %
40 %	0.49 %
50 %	0.93 %

出典：同**図表 6**。

高くなると損害コストは比例的ではなく二次関数的に上昇する。2 つ目は、
CO2 削減率が 50％の場合でもその費用は GDP の 1％程度であるということ
である。

　仮に削減費用が実際にはもっと高くなるとしても、あるいは将来世代の消
費の価値の割引率の見直しによって計算結果が変わるとしても、世界の
GDP が毎年数％上昇していくことを考えれば対応可能な負担である。

　事実、経済の低成長期に入った 2001 年から 2020 年までの 10 年間に世界
の名目 GDP は 12％伸びており[7]、低成長下においても捻出できない費用で
はない。さらにいえば、ゼロエミッション社会を築き上げた後は CO2 削減
費用が漸減していくと考えられ、経済成長率が CO2 排出量の削減コストを

---

7) IMF 名目 GDP 世界計：2020 年 84,537,690、2011 年 75,524,030（単位：百万 US ドル）。

上回るようになっていけば、人類の将来は今日より豊かになり、地球環境も崩壊の危機を免れ、その後の再生が可能になる。

③ 炭素税の仕組みづくり

ノードハウスが炭素税とキャップ・アンド・トレードの導入を提唱していることを紹介したが、気温上昇による経済損害がいつどのような形で現れるのか、費用を誰が負担すべきなのか、徴収した税金の使途をどのようにするのか、輸入品に対して炭素税を課すのか、などの問題について世界の国々のコンセンサスは形成されていない。また、炭素税とキャップ・アンド・トレード方式にはそれぞれのメリット・デメリットがある。2つの方式の選択も重要な課題であるが、本書は2つの方法を比較して優劣を論ずることが目的ではなく、わかりやすい炭素税を中心に説明する。

④ 炭素税の導入状況

炭素税は気候変動問題への関心が高いヨーロッパ諸国を中心に導入が進んでおり、アジア、南北アメリカ諸国においても導入の動きが広まっている。日本では、省エネ対策、再生可能エネルギーの普及、化石燃料クリーン化等のエネルギー起源CO2の排出抑制などの目的で地球温暖化対策税（2012年より段階的に施行され2016年より予定税率が適用）が導入されている。しかしながら、2016年以降の税収規模は約2,600億円に止まっており、効果を期待できるような税収規模ではない。

図表8（次頁）は主な炭素税導入国の税率の推移を示したものであるが、スウェーデン、フランス、スイス、フィンランドなどが高率の炭素税を課しているのに対して日本はGDP対比で0.05％程度である。世界の二酸化炭素の総排出量の3.4％を排出し、世界第5位の二酸化炭素排出国の対策としては甚だ不十分な金額である。新型コロナワクチン開発で世界に大きく遅れを取った日本がグリーンエネルギー技術開発で存在感を回復し、さらに引き上げていくためには、環境税、炭素税への取組みで世界の範となることを経済

図表8　主な炭素税導入国の税率推移

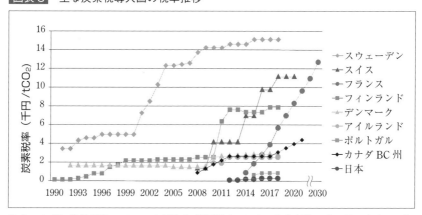

出典：みずほ情報総研、グラフは環境省「諸外国における炭素税等の導入状況」（2018年
7月）より引用。

政策の一つとして行うべきである。

　明確なことは、気温上昇を食い止めるための早急に手を打たなければ、生
態系に重大な影響を及ぼし人類の生活環境にも大きなマイナスをもたらすと
いうことである。GDPの数％を温室効果ガスの削減のために投下すること
によって気候変動の連鎖を食い止めることができるなら、それを行うしかな
い。そのために必要なコストは、地球環境が重大なダメージを受けることに
よるコストより遥かに少ない。

⑤　グリーンエネルギーの開発財源

　グリーンエネルギー開発競争は、ロシア・ウクライナ戦争で世界最大級の
エネルギー輸出国であるロシアからの供給量が西側諸国を中心に大幅に低下
することから期せずして拍車が掛けられた。巨額の開発資金が必要になる
が、財源として炭素税による税収を充てることが合理的であると考える。

　また、デジタル社会の進展に伴って今後電力需要は増大する。ナノ技術を
はじめとする省エネ技術の発展によって個々の家電製品や電子機器の消費電

力は今後も軽減されていくが、現在「ヒト」が行っている作業の大部分を IoT、AI、ロボティクス、ドローンなどに置き換える場合、電力消費総量は大幅に増大することになる。自動車を EV あるいは燃料電池で走らせるにも電力を発電する必要がある。

　今後の電力需要について、IEA は 2050 年には現在（2019 年）の約 2 倍になると予測している。カーボンニュートラルの社会実現に向けてさまざまな技術開発が試みられているが、現在の総発電量の 2 倍をグリーンエネルギーで賄わなければならない。世界に先んじて大容量のグリーンエネルギーと蓄電技術開発に成功した国がグローバル経済において圧倒的な立場を占めることになる。

　日本政府も、国家の総力を挙げてグリーンエネルギー開発に取り組むことを明言している。ただ、言うは簡単だが、各国との総力戦に勝ち抜くことは並大抵のことではできない。それだけに、財源を明確にして必要な資金を捻出し、日本の英知に思う存分頑張ってもらうしかない。

第6章

地政学による
サプライチェーンの仕切り直し

1　ロシアのウクライナ侵攻

　2024年2月24日にロシアがウクライナに軍事侵攻を行った。

　ウクライナはかつてソビエト連邦の一部であり、東西冷戦の終結とソビエト連邦の崩壊に伴って1991年12月に独立している。1994年にはNATOの「平和のためのパートナーシップ」に加わり、核兵器を放棄する代わりにロシア、アメリカ、イギリスがウクライナの主権を保証する「ブタペスト覚書」が交わされている。ところが、覚書の合意は地政学の変化に伴いロシアによって反故にされた。

　また、ロシア・ウクライナ戦争では、西側諸国は派兵こそ行わないもののウクライナを軍事的・政治的・経済的に支援している。

　ドイツのキール世界経済研究所の集計によれば、NATOを中心とした西側諸国によるウクライナへの人道支援および軍事支援は2022年6月7日時点で783億ドル（8兆6,000億円）に上る。国別ではアメリカが55％を支援し、イギリス6％、ドイツ4％と続き、日本も0.7％を支援している。また、アメリカの軍事支援には高機動ロケット砲システム（HIMARS）などの最新兵器を含んでおりロシアは強く反発している。

　ロシアは世界有数の石油・天然ガス産出国であり、ドイツをはじめとしたEU諸国の多くがエネルギーをロシアに依存しているが、対立によって西側諸国の「脱ロシア産エネルギー」急がれている。また、ロシア産のエネルギー供給が大幅に減少したために世界的なエネルギー価格の上昇とインフレを招いており、影響は全世界に及んでいる。さらに、ロシアとウクライナは世界有数の穀物輸出国であり、黒海の封鎖、港湾施設への攻撃によるウクライナからの輸出の減少・停止とロシアの輸出制限によって世界的な食料価格の上昇を招き、経済的に貧しい国では食料難が起こっている。

　一方、経済制裁によって大西洋・バルト海、黒海を通ってロシアに輸出される工業製品、特に最先端通信技術や軍事転用が可能な製品の輸出はストッ

プした。ロシアへ進出していた西側諸国企業の多くが撤退し、金融制裁によってロシアとの貿易決済が停止され、ロシアはグローバルサプライチェーンから除外された。

　より重大な問題が、工業製品の過度な中国依存状態（チャイナリスク）の是正と安全保障に影響が及ぶ先端通信技術・製品について中国とのかかわりを断ち切ること、すなわち「脱中国依存」が西側諸国の最重要課題となっている。

2　鉄のカーテンの開放

(1)　フランシス・フクヤマの予言

1989年12月に44年間にわたって鉄のカーテンで仕切られた東西冷戦が終結し、1990年代には「世界は平和に向かい、政治と経済体制は、民主主義と自由（市場）経済に収れんされる」というフランシス・フクヤマの『歴史の終わり』の予言が実現するという期待があった。

期待は西側諸国のグローバル経済戦略にも表れており、経済関係の構築にあたって政治体制の違いは問わず（デカップリング）、経済性の向上と貿易規模の拡大を図ることに重点が置かれていた。

①　脱中国依存

東西冷戦構造の終焉とIT革命によってグローバリゼーションが進み、BRICs（ブラジル、ロシア、インド、中国）を中心に新興国が目覚ましい経済成長を遂げた。中でも中国の経済成長は目覚ましく、2010年には日本を抜いてアメリカに次ぐ世界第2位の経済大国になった。ただし、旧東側諸国の多くが市場経済と民主主義の双方を受け入れたのに対して、中国は従来の計画経済と市場経済を混合した社会主義市場経済を採用し、同一の経済ルールにはなっていない。

また、専制主義を継続して民主主義とは一線を画し、西側諸国の人権に対する理念についても共有するには至らず、中国の経済的・軍事的発展に伴って対立が鮮明化・激化している。

チャイナリスクが重大性を増してきた背景には、アメリカと中国の間の貿易収支の歪みが許容限界に達したことに加えて、中国への先端技術の流出と中国製の通信機器の流通によって自国の優位性を失わせるまでに相手国を利してきたという事情がある。すなわち、アメリカの最先端通信技術や軍事目的に転用可能な先端技術や製品が不用意に中国に輸出・流出した結果、アメ

リカと西側諸国のさまざまな重要情報が中国に漏れている可能性が指摘されるなど、安全保障上の重大な脅威になってきたということである。

②　対中国の西側諸国の結束

かつての西欧列強が長い歴史を経て画定した領土・領海・領空、EEZ 等の政治的枠組み、経済取引などに関する法の支配について、中国が挑戦的な姿勢を示し、民主主義と人権に関する基本的理念についてもウイグル自治区や香港などで相容れない政策を強引に実施している。

一方、世界の工場となった中国は西側諸国にとっても非常に重要な貿易相手国であり、貿易戦争によって中国との対立を深めるアメリカとは法の支配と人権などの民主主義の基本理念に関する問題では同調しても、自国の利益を大きく損ねることになりかねない経済問題では必ずしもアメリカと同一歩調をとっているわけではなかった。

ところが、新型コロナパンデミックとロシアのウクライナへの軍事侵攻によって、G7、オーストラリアなどの西側諸国と中国および一帯一路参加国、ロシアなどとの対立が決定的になった。西側諸国では、最先端通信技術については政治と人権などの基本理念を共有するグループ内で完結することが求められ、一般工業製品、食料などについても中国への過度な依存を改めるように方針が転換された。また、人口大国のインド、ブラジル、インドネシアなど、双方のグループとの経済・政治・軍事関係の継続を図ろうとする国があり、双方のグループが取り込み競争を展開している。

(2)　地 政 学
①　地政学リスクの上昇

地政学、あるいは地政学リスクという言葉を最近よく耳にするようになった。地政学とは、地理学と政治学を合わせた用語であり、地理的な条件によって政治、社会、軍事などに影響が及ぶことを研究する学問である。新しい学問ではないが、東西冷戦終結後しばらくは大国間の直接的軍事衝突の危

険性が遠のいたことから注目度は低かった。中国が経済・軍事両面で急速に力を拡大してアメリカに次ぐ経済・軍事大国に成長し、軍事力を背景にした領土の現状変更の動きが強まってきた 2010 年代後半以降再び注目されるようになり、2014 年のロシアのクリミア半島侵攻によって大きく注目度が上がった。

②　歴史に登場する地政学の要衝

　大国間で勢力争いが起こるときに軍事戦略上、あるいは交通の要衝となる場所・地域がしばしば大きなパワーがせめぎ合う場所となる。地政学の理解のために歴史書に出てくる代表的地域を5つ挙げる。

(i)　ジブラルタル

　ジブラルタルは、イベリア半島の先端部にあり地中海への出入りを抑えることのできる軍事上・海上交通上の要衝でありイギリスの海外領土である。「地中海の鍵」とも呼ばれ、イスラム教徒による征服、8世紀以降はレコンキスタの要衝となり、カスティーリャ王国およびスペインが統治してきた。

　スペイン継承戦争終結のためのユトレヒト条約によって 1713 年以降はイギリスが統治しているが、スペインも領有権を主張してイギリスとの間で争っている。トラファルガー海戦ではイギリスの拠点となってフランスのナポレオン軍の大西洋艦隊と地中海艦隊の分断に成功して勝利し、1869 年のスエズ運河の開通によって大西洋、地中海、紅海・北インド洋を結ぶ海洋サプライチェーンの最重要地となっている。

(ii)　バルカン半島

　バルカン半島は、西にアドリア海、南に地中海とマルマラ海、東に黒海に面する海上交通の要所で、古代より支配を巡ってイタリアとトルコ、さらには黒海に面するロシアなども支配権の獲得競争に加わって戦争が絶えない場所である。第一次世界大戦では「ヨーロッパの火薬庫」と呼ばれ、戦端が開かれた場所でもある。

(iii)　朝鮮半島

　朝鮮半島も所謂半島国家であり、地政学に振り回されてきている。朝鮮半島の王朝は長らく中国の歴代王朝の朝貢国であり、中国の強い政治的影響を受けてきた。

　そこに、18世紀後半から南下政策を推し進めたロシアと朝鮮半島を自国の安全保障上の防波堤とすることを目論んだ日本が加わって日清戦争前後から3か国で支配権を争っている。1910～1945年の日本による統治を経て、戦後はアメリカとロシア（および中国）の思惑がぶつかり、朝鮮戦争（1950～1953年休戦）によって38度線を境に南北に分断された。

(iv)　沖　　縄

　沖縄は、第二次世界大戦において日本の南方進出、アメリカにとっては日本の本土攻撃のための戦略上の重要な拠点とされ、今日においても日本の防衛、およびアメリカ軍による中国、朝鮮半島、南アジアに対する戦略上の最重要拠点となっている。

　一方、中国にとっては、太平洋へ進出するにあたって沖縄にアメリカ軍の基地があり、周辺海域に日本艦隊とアメリカの大艦隊が航行する環境は不都合極まりない。中国は、九州から沖縄、台湾、フィリピン、ボルネオ島に至るラインを国防ライン（第一列島線）として設定しており、アメリカ軍との有事の際には制海権・制空権を握るための戦略上の鍵を握る地域である。

(v)　クリミア半島

　クリミア半島は、夏には亜熱帯性の気候になる元々ロシアの人気の高い保養地であったが1954年にソビエト連邦の最高指導者のニキータ・フルシチョフの政治的な思惑からウクライナに譲渡された。ところが、ウクライナがソビエト連邦から独立後、西側との結び付きを強めたことから、2014年にロシアが一方的にクリミアを併合している。

　クリミア半島は黒海とアゾフ海を結ぶ海上交通の要衝であり、温暖な水域に面している南西部のセバストポリにはロシアの黒海艦隊が置かれている（ロシアとウクライナ間で2042年までの租借契約が締結されていたが、現在はロ

シアが実効支配（2022年9月1日時点））。また、ウクライナがEUおよびNATOとの関係を深めれば、ロシアは長い国境線で西側諸国と直接対峙することとなるため、ウクライナ全体の地政学上の重要性が高まっている。

　歴史に登場する要衝の重要性は今日においても変わらないが、今日の地政学は1990年代以降のグローバリゼーションとデジタル社会の到来によって複雑になっている。また、東西冷戦終結後の世界で大きく躍進した中国は一帯一路構想によって参加国を自らの経済圏に組み込んで地政学のパワーバランスを大きく変更しようとしており、G7を中心とした西側諸国は相互の安全保障と経済的結束を再確認している。

　グローバルサプライチェーンは、「脱ロシア産エネルギー」と「脱中国依存」を軸に地政学に基づいて再構築される。

3　1990年代以降のグローバリゼーション

(1)　世界の分業体制の変化

　第二次世界大戦後の世界経済は、船舶の大型化と安全性の向上、自動車の普及と高速道路網の整備、航空機の利用拡大など、移動・輸送手段の高速化と大型化によって貿易が大きく拡大した。貿易形態としては、G7を中心に先進諸国が石油や天然ガスなどのエネルギー、鉄、銅、アルミニウムをはじめとした鉱物資源などの原材料を輸入し、自国の工業製品を輸出する、あるいは、発展途上国で付加価値の低い部品や半製品を製造して先進国に輸出し、先進国で付加価値の高い完成品を製造して輸出するという方式であった。

　社会主義と計画経済を採用していた中国は、鄧小平によって1992年に社会主義市場経済に方針転換して世界に対して経済の門戸を開き目覚ましい発展を遂げる。2001年12月にWHOに加盟して経済成長を加速し、2010年にはGDPが日本を抜いてアメリカに次ぐ世界第2位の経済大国になる。経済成長によって国民生活が豊かになり労働者の教育水準が向上すると技術水準も向上し、高価値の製品製造が可能になる。それに伴って、G7と新興国との貿易は価格競争力の向上を目的にした水平分業体制に移行していった。

(2)　FTAとEPA

　貿易拡大のために制度面においてもさまざまな変化が起こっている。自由貿易協定（FTA）は、関税や輸入割当てなどの制限的な措置を相互に撤廃・削減する国家間協定である。さらに、FTAに加えて投資、政府調達、知的財産権、ヒトの移動、ビジネス環境の整備などについても柔軟に対応する経済連携協定（EPA）を貿易相手国と締結し、貿易と投資の双方の拡大を目指す仕組みが開発され、FTAやEPAは多くの国の間で導入されている。

　EUは、ヨーロッパの27か国（2020年のイギリス脱退後）が加盟国間の貿易関税を撤廃し、ヒト・モノの往来を自由にしてアメリカに匹敵する一つの

経済圏を構築している。世界最大の経済国であるアメリカも、北米貿易協定（NAFTA）を廃止したものの新たに３国間のFTAであるアメリカ・メキシコ・カナダ協定（USMCA）を締結して強固な経済関係を構築しており、日米間においても2020年１月にFTAである日米貿易協定が発効している。

①　中　　国

中国は、古くからヨーロッパなどとの交易のために陸と海の交易ルートを持っている。「陸のシルクロード」は、紀元前２世紀から18世紀の間に行われたアジア、アフリカ、ヨーロッパを陸路で結ぶ交易ルートで、13世紀にはヴェネツィアの商人マルコ・ポーロがシルクロードを通って元の首都大都にまで至っている。同様に「海のシルクロード」も古くからあり、明時代の鄭和将軍（15世紀前半）は巨大船団を率いて東シナ海、南シナ海、インド洋を経てインド、アラビア半島へ、そしてアフリカの東端（ソマリランドとも呼ばれる地域）に到達している。スペインやポルトガルが同じ時代にアフリカ・アジア・アフリカに漕ぎだした「大航海時代」の船団規模を遥かに上回る大掛かりな航海であった。

中国は世界第２位の経済大国となり、次の目標はアメリカを抜いて世界一の経済大国となることと自国を中心にした巨大経済圏を構築することである。一帯一路構想は、陸路（陸のシルクロード）と海路（海のシルクロード）で中国と世界を結ぶ現代版のシルクロード構想である。中国を核とした一大グローバル経済圏を構築する巨大計画であり、中国からアジア、アフリカ、ヨーロッパに至るかつてのシルクロードを彷彿させる広大な地域の国々に対して、中国が主導するアジアインフラ投資銀行（AIIB）と中国が独自に創設したシルクロード基金を通して港湾施設や高速鉄道などのインフラや資源開発などのために巨額投資を行い、ルート上の国々を中国のサプライチェーンに組み込もうとするものである。

②　日　本

日本も多くのアジア諸国や EU などとの間で EPA を締結している。また、12 の太平洋沿岸諸国間（日本、アメリカ、カナダ、オーストラリア、メキシコ、シンガポール、ブルネイ、チリ、マレーシア、ニュージーランド、ペルー、ベトナム）の EPA である環太平洋パートナーシップ協定（TPP12）の締結・発効に向けてアメリカと共に主導的な役割を担ってきた。

2017 年 1 月にトランプ政権に代わったアメリカは協定から離脱したが、新たに日本主導で 2018 年 12 月 30 日に「環太平洋パートナーシップに関する包括的及び先進的な協定」（略称：CPTPP：TPP11）を発効している（本書では、TPP12、CPTTP を総称して TPP とする）。

③　TPP

TPP は、日本が主導的役割を担う人口 5 億人、世界の GDP の 1 割を超える巨大な経済圏の誕生となり、これまでにメキシコ、日本、シンガポール、ニュージーランド、カナダ、オーストラリア、ベトナム、ペルーの 8 か国が国内手続を完了し、発効している（2022 年 9 月 1 日時点）。また、EU を離脱したイギリスが 2021 年 1 月に TPP への参加申請を行い、同年 9 月には中国と台湾が相次いで参加申請を行っている。

TPP は中国の一帯一路への対抗として環太平洋の民主主義国の結束によって一大経済圏を築くことを目指した構想でもあるが、その中国が加盟申請を行ってきたことには驚きもある。中国の経済体制は、計画経済の問題点を市場経済で補う混合経済であり、TPP が認めていない国有企業を有し、知的財産権に関する規定の相違など、TPP とは相容れない制度が多くある。また、主導的立場にある日本やオーストラリアは民主主義の理念の共有および法の支配前提としており、TPP の枠組みに入ることは考え難い。

④　IPFE

TPP を離脱したアメリカは、国内の反発から TPP への復帰は当面見送る

ものと予想される。しかしながら、アメリカ主導の対中国の経済連携策を打ち出す必要から、アメリカ、日本、インド、ニュージーランド、韓国、シンガポール、タイ、ベトナム、ブルネイ、インドネシア、マレーシア、フィリピン、オーストラリア、フィジーの 14 か国による緩やかな経済枠組みとして「インド太平洋経済枠組み（IPFE）」を発足させている（2022 年 5 月 26 日）。

4 大事故、巨大災害とグローバルサプライチェーンの寸断

移動・輸送手段の大型化・高速化は、経済活動の範囲を1つの国からアジアやヨーロッパなどの広い地域に、さらに地球全体に広げていった。また、エネルギーおよび鉱物資源には地域的偏在性があるものの、効率性と価格競争力の追求から地球規模で複雑な分業が行われるようになる。

現在のグローバルサプライチェーンは世界全体が複雑に繋がって構成されているために、大災害や大事故、サイバー事故、あるいはパンデミックなど何らかの理由で一定期間ヒト・モノの移動が制約されれば、影響は特定の取引や産業に止まらず世界のすべての産業に及ぶ。

21世紀の大きな出来事は、グローバルサプライチェーンの寸断を招き、経済への影響は自国に止まらず世界各国の経済に及んでいる。2000年以降に起こったサプライチェーンが寸断された代表的な事例を以下に挙げる（新型コロナパンデミックによるサプライチェーンへの影響については後述する）。

なお、グローバルサプライチェーンの形成、発展や特徴、脆弱性とリスク対処の方法などについては、拙著『グローバル経済下のサプライチェーンとリスク』[1]で説明しているので参考にしてもらいたい。

(1) 9.11アメリカ同時多発テロ（2001年）

2機の航空機がニューヨーク・マンハッタンの2棟の世界貿易センター（WTC）ビルに突っ込んでビルを倒壊させ、国防総省本庁舎（ペンタゴン）にも1機が突入するなど、計4機の航空機による大規模テロで約3,000人が犠牲になっている。4つのテロが2001年9月11日に同時に行われたことから「9.11アメリカ同時多発テロ」と呼ばれる。

---

1) 石井隆『グローバル経済下のサプライチェーンとリスク』（保険毎日新聞社、2019）。

　ニューヨーク市は同市の損害について、建物や備品などの財物損害、都市インフラへの被害、人的損害、地域のホテル・飲食業などの売上の喪失などを含めて、最大で 1,050 億ドル（1 兆 5,500 億円）に達すると発表している（2001 年 10 月 4 日）。

　中でも航空産業とサプライチェーンへの影響が大きく、アメリカとカナダの民間空域が 9 月 13 日まで閉鎖され、その間世界経済の中心地であるアメリカとの航空便によるヒトとモノの移動はストップしている。さらに、WTC と周辺のインフラの破壊によって世界金融の中心地であるニューヨークのウォール街が 9 月 17 日まで閉鎖され、世界中の金融市場で株価の下落やドル売りによって混乱が起きている。

⑵　ハリケーン・カトリーナ（2005 年）

　ハリケーン・カトリーナによる直接損害額については、前掲**第 5 章図表4** に挙げたが、損害は建物や社会インフラへの直接的被害に止まらず、石油や穀物相場にも及んでいる。カトリーナが上陸したメキシコ湾岸地域は石油産業が集中する地域であり、原油精製施設の被災によって生産が停止し、停止期間は数か月間に及んだ。石油供給の落込みから石油価格が上昇し、アメリカ政府による戦略的備蓄石油の石油会社のへの貸付け、国際エネルギー機関（IAEA）の緊急石油備蓄の放出などにより製造業やサプライチェーンなどへの影響を最小限に抑える措置が採られている。

　また、穀物生産の落込みによって穀物価格とその加工品が品薄となって価格上昇を招いている。

⑶　アイスランド火山噴火（2010 年）

　アイスランドは日本と同様の火山活動が活発な国であり、火山噴火は珍しいことではない。2010 年のエイヤフィヤトラヨークトルの一連の火山活動は小規模なものであったが、4 月 14 日から始まった噴火はヨーロッパの空を広く灰雲で覆ってしまった。

　火山灰は航空機運航において可視性を低減し、微細な破片がフロントガラスにショットブラストのように作用して視界を遮る。さらに深刻な問題は、タービンエンジンの中で粒子が溶けてエンジンを停止させることであり、航空機は運航できなくなる。

　噴火活動は5月21日までに新たな灰雲を生じさせない程度に縮小したが、その間、特に4月中はヨーロッパの広い地域で空港閉鎖や航空便がキャンセルされ、ヨーロッパ内、およびヨーロッパと世界を空で結ぶヒト・モノの移動が停止された。航空運航の混乱としては9.11アメリカ同時多発テロを上回り、第二次世界大戦以降では最大規模であったとされる。

(4)　東日本大震災とタイ洪水（2011年）

　東日本大震災では、東北を中心とした東日本沿岸の広い地域が地震と大津波に襲われ、あらゆるものが押し流され破壊された。経済関係では、自動車、家電、化学、精密機械、IT関連部品・素材などの生産が長期間にわたって停止、もしくは大幅な減産を余儀なくされ、日本やアメリカを中心に世界中の多くの企業に対する完成品や部品の供給が停止した。供給量の落込みの大きさから、多くの世界的企業が完成品生産の一時停止、もしくは減産に追い込まれている。

　また、タイには日本の資本が多く進出しており、自動車、家電、化学、精密機械、IT関連産業の世界的な生産拠点になっている。中でもHDDは世界シェア25%（当時）を占め、世界最大の生産拠点であった。タイ洪水では主要工場地帯が半年以上にわたって浸水した状態が続き、日本やアメリカなどの多くの企業に対する部品や製品の供給が長期間にわたって停止した。影響の大きさは東日本大震災を上回り、自動車や家電を中心に生産の遅れを生じ、2011年の世界のPC出荷台数が大幅に込んでいる。

(5)　天津浜海新区倉庫爆発事故（2015年）

　2015年8月12日に中国天津市の港湾地区で起こった大規模な火災・爆発

事故は、爆発現場となった危険物倉庫が数回にわたって大規模な爆発を起こし、死者165人、行方不明者8人、負傷者798人を出す大惨事となった。また、爆発現場から半径2km以内の建物の窓ガラスが割れ、倉庫や建物、港湾施設、鉄道、港湾地区内に保管されていたさまざまな保管物が大きな被害を受けた。中でもトヨタ、富士重工、マツダ、ルノー、フォルクスワーゲン、現代などの自動車メーカーの被害が大きかった。

　世界有数の規模を誇る天津港の港湾機能が麻痺したために天津近郊の工場が生産の中断を余儀なくされ、工業製品の積出しも中止を余儀なくされた（第4章図表8参照）。

5　新型コロナパンデミックによる　グローバルサプライチェーンの寸断

　新型コロナの世界的な感染拡大によって世界中の多くの都市でロックダウンが繰り返し行われ、ヒトの移動制限と輸送・配送力の低下によって工業製品の生産が落ち込んだ。

(1)　海洋サプライチェーンの寸断

　新型コロナパンデミックによるグローバルサプライチェーンの寸断には、前述のアメリカ同時多発テロや大規模自然災害などとは異なる重要な特徴がある。すなわち、新型コロナパンデミックは（サイバー攻撃と同様に）物理的被害を伴っていないということである。

　ヒト・モノの移動制限が2年以上にわたって世界のどこかで繰り返されてサプライチェーンがたびたび寸断されて工業生産と輸送・配送力の混乱が続いたが、世界的広がりとその期間の長さにおいてこれまでの事例を大きく超えている。

　図表1の地図には、2020年のサプライチェーンの寸断の様子が簡単にまとめられている。

図表1　新型コロナウイルスを受けたサプライチェーン寸断

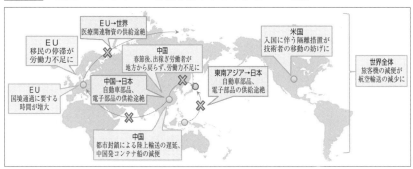

出典：経済産業省「第7回産業構造審議会通商・貿易分科会」（2020年5月26日）。

①　コンテナの渋滞

ロックダウンが解除されて生産体制が復旧しても海上貨物輸送の混乱のためにグローバルサプライチェーンの混乱は続いた。輸送能力の長期間にわたる低下は複数の要因が絡み合って連鎖したものであるが、状況は次のように整理できる[2]。

> ・コンテナの生産量は新型コロナ発生前から落ち込んでいたが、新型コロナの感染拡大によってコンテナ生産工場（主に中国）の稼働率が大幅に低下し、深刻なコンテナ不足が発生
> ・2020年に中国がV字経済回復を遂げていち早く輸出が再開されるが、欧米や日本は移動制限を継続
> ・アメリカで家電、家具、玩具などの巣ごもり需要が発生し、ロサンゼルス（LA）、ロングビーチ（LB）の貨物量が急増したが、両港で新型コロナの大規模クラスターが発生し、港湾作業従業員が不足
> ・LA・LB港でコンテナが滞留・港湾混雑が発生し、世界の主要港に連鎖
> ・欧米の経済回復の遅れから空コンテナが滞留し、アジアにコンテナが回送されず、コンテナ不足に拍車を掛ける

②　インフレ

コンテナの偏在による海上輸送力の低下の回復には2年以上の期間が掛かり、需要の回復に対して供給量の不足と労働力の不足などが重なって2022年に入って世界各国でインフレが起こっている。さらに、ロシア・ウクライナ戦争によって世界的なエネルギーと食料不足が発生するとインフレに拍車が掛かった。アメリカでは激しいインフレ抑制のためにFRBが数度にわ

たって金利引上げによる金融引締めを行い、EU においても金利引上げが行われている。

(2) 巣ごもり需要

① PC

新型コロナパンデミックによって経済活動が低下した中でも需要が喚起される製品があった。リモートワークの導入によって PC と周辺 IT 機器の需要が大幅に伸びた。PC の全世界の出荷台数は、近年スマートフォンなどの小型の機器の普及拡大によって市場の一部が奪われ出荷台数は横ばいを続けていたが、世界的な巣ごもり需要で一気に販売台数が伸びた。ただし、そこにもサプライチェーンの問題があった。

International Data Corporation（IDC）によれば、2021 年の PC の出荷台数は 3 億 4,880 万台で前年の 3 億 388 万台より 14.8％伸びた。今後の PC の出荷台数については、学校の対面授業の再開やリモートワークがオフィスワークに戻ることの影響や景気動向で一時的な落込みがあることが予想されるものの、PC の高い需要は 2025 年頃まで続くものと予想されている[3]。同様な現象は、巣ごもりで需要が伸びたテレビの液晶パネル、ゲーム機などでも発生している。ただし、半導体不足によって生産が需要に追いつかない状況が続いている。

② 自 動 車

新型コロナの感染力や感染経路がわかってきた 2020 年下半期頃より、三密回避の交通手段として自動車の利用に目が向けられ、需要が高まっている。自動車メーカーの生産体制は、感染拡大予防のための一時的操業停止や減産が行われたが、間もなく最低要員数を確保し生産体制が整った。

ところが、新車生産・販売台数のデータを見ると、生産体制が整備された

3）IDC 四半期パーソナルコンピューティングデバイストラッカー。

後も新車台数が横ばいを続けている（ただし、地域による状況の違いあり）。作れば売れる状態になったにもかかわらずマイコンに不可欠な半導体不足の影響で供給量を増やすことができず、経済回復に水を差す結果になっている。

③　半　導　体

半導体の不足状況を受けて世界最大の半導体メーカーである TSMC（台湾）は、自動車用半導体を 2020 年対比で 6 割増産することを明らかにし [4]、日本やアメリカも半導体の国内生産体制の再整備の方針を打ち出している。しかしながら、新たな生産施設の建設には巨額の資本調達と 2 年程度の期間を要するため、供給不足が解消に向かうのは 2023 年後半以降になると予想される。

半導体の供給不足が長期化した原因は大きく 2 点ある。

1 点目は、アメリカと中国の経済戦争と脱中国依存政策によってアメリカ企業がファーウェイや ZTE などの中国企業に半導体を売ることを規制され、中国企業による半導体の備蓄増加が起きてマイコンの市場供給量が減少したこと。

2 点目は、デジタル社会の到来によって半導体需要の増大が見込まれていたが、必要資本の巨額性や長期的な採算性の見通しの難しさなどの要因で供給体制の拡充が図られてこなかったことである。

こうした状況に、日本の 2 つの工場火災 [5] によってプリント基板に用いられる特殊なグラスファイバーと高度なセンシングデバイスの供給が止まって品薄となった。その結果、自動車産業やエレクトロニクス産業などが半導体を奪い合う状況になったことである。

---

4) 日本経済新聞（2020 年 5 月 22 日）。

5) 2020 年 10 月：旭化成エレクトロニクス半導体工場（宮崎市）、2021 年 3 月：ルネサス那珂工場（ひたちなか市）。

④　日本の半導体生産体制

　半導体不足の根源的問題は、効率性（コスト削減）の追及によってサプライチェーンリスクを軽視してきたことにある。半導体は 1940 年代後半にアメリカで発明され、1970 年代に日本で飛躍的に生産が伸びる。日本はクリーンルームを作って不良品の発生を抑え、LSI（大規模集積回路）を生み出した。その結果、1980 年代には日本はアメリカを抜いて世界一の生産国となり、世界シェアは 50％を超えた。しかしながら、その後の日本とアメリカの貿易問題を経て日本の技術と技術者が韓国、台湾、中国などに流出し、日本のシェアは 10.0％（2019 年）にまで低下している。さらに重大な問題は、日本には最先端の工業製品に不可欠な先端半導体の設計・製造体制がなくなっていることであり、海外からの輸入に依存せざるを得ない[6]。

　アメリカの巨大資本や（投資リスクを顧みない）国家資本主義を採る中国や韓国の企業との国際的価格競争に敗れた結果であるが、世界的な半導体不足、中でも最先端半導体の不足によって日本の主力産業である自動車産業やIT 産業が競争上の優位を取れない状況をみるとき、「モノづくり」の国として官民挙げて最先端技術と生産体制について一定水準を確保していく必要があった。

⑤　先端半導体産業振興コスト

　先端半導体生産体制を維持・発展させていくには高額の資金が必要であり、民間の対応力を超える。アメリカは今後 5 年間に半導体製造工場建設に527 億ドル（5.8 兆円）を投入する CHIPS and Science Act（CHIPS 法）を成立（2022 年 8 月 9 日）させ、半導体製造能力の回復を目指している。中国も半導体自給率の大幅な向上を目指して中央と地方政府を合わせて 10 兆円規模

6）経済産業省『半導体戦略（概略）』（2021 年 6 月）。出典原データは Omdia による。
　　1988 年の日本の半導体シェアは 50.3％。

の投資を行って半導体関連技術開発を行うとしている[7]。

　また、先端半導体は遠からず現在の 5 nm（ナノメートル）前後から 2 nm の次世代半導体に移行するとされる。日本とアメリカは協力して 2025 年の量産開始を目指すとしているが（日米経済政策委員会、2022 年 1 月 29 日）、投資コストは兆円単位になる。

　日本が一旦止めてしまった最先端半導体の生産体制を再構築し、次世代半導体開発を行うコストは生産体制を維持しながら技術更新を行うより高くつく結果となった。しかしながら、世界の半導体生産量の第 1 位と第 2 位の台湾と韓国の地政学リスクの高さを考えれば、次世代半導体開発・生産への移行を機会に国内自給体制を確立するしかない。官民が一緒になって不退転の覚悟で日本のお家芸を再興しなければなければならない。

(3)　その他の影響

　新型コロナパンデミックによるサプライチェーンへの影響は、コンテナの偏在による海上貨物輸送の混乱、半導体不足以外にもさまざまな産業でみられた。

　新型コロナがパンデミックとなって 1 年半以上過ぎ、中国、アメリカ、ヨーロッパ、日本などで経済活動が少しずつ元に戻ろうとしていた 2021 年 9 月頃、東南アジアで感染拡大が深刻になってヒト・モノの移動制限が起こり、世界への工業生産品や食料の供給が大幅に減少している。東南アジアとの貿易関係の大きい日本では、10 月にトヨタ自動車の国内の全工場で最大 11 日間の操業を停止に追い込まれている。また、ユニクロの秋冬物衣料品、冷凍エビをはじめとした食料品の供給が大幅に減少し、ベトナムのロックダウンによってトイレのウォシュレットが極端な品薄となって日本における新築住宅の供給に影響が及んだ。サプライチェーンの寸断は、日本の衣食住にも大きな影響を及ぼしている。

7）経済産業省・前掲注 6）。

　また、新型コロナパンデミックをいち早く克服したかにみえた中国は、2022年4月から感染が再拡大して上海がロックダウンされた。上海港は稼働していたが、中国国内の工場の操業停止、トラック輸送力の低下によって中国の工業製品や食料品の輸出が滞って再び世界中に影響が及んでいる。

　全世界で新型コロナパンデミックが終息に向かい、コンテナ貨物の流れがスムーズになるまで3年近く掛かることになろうとは誰が想像したであろうか。

6　脱ロシア産エネルギー

　2022 年 2 月 24 日にロシアがウクライナに軍事侵攻した。EU、アメリカ、イギリス、日本、オーストラリアなどの西側諸国が即時にロシアとベラルーシに対して経済制裁に踏み切った。

　2022 年 3 月 2 日に開催された国連総会では、193 か国中 141 か国がロシア非難決議に賛成（反対：5 か国、棄権：35 か国、無投票：12 か国）している。一方、ロシアは 3 月 7 日に 48 の国と地域を非友好国として発表し、ロシアと西側諸国との対立は決定的になった。

　また、西側諸国とロシアの対立は政治的対立のみならずロシアの経済的孤立化を目指すものであり、影響はあらゆる経済活動に及んだ。

(1)　西側企業のロシアからの撤退
①　世界的ブランド
　西側資本のロシアからの撤退・取引停止も相次いだ。

　エネルギー関連ではロイヤル・ダッチ・シェル、BP、製造業では GM、フォード、トヨタ、ボルボ、ルノー、ボーイングなどが撤退や輸出停止を決め、IT 分野ではマイクロソフト、メタ（旧フェイスブック）、アップル、グーグルなどがアカウントの停止や広告の排除を決定している。

　ソニー、ネットフリックス、任天堂などの家電・動画配信、コカコーラ、スターバックス、マクドナルドなどの外食・食品、ルイ・ヴィトン、エルメス、シャネルなどの世界的ブランドも撤退・店舗の閉鎖を行うなど全産業の資本に及んでいる。

　さらに、金融面では、ビザ、マスターカード、Amex などがサービスを停止し、銀行決済では SWIFT（国際的銀行間通信協会）からロシアの主要銀行が排除され、貿易決済ができなくなった。

② 日本企業

帝国データバンクの調査によれば、2022年2月の時点で、日本からロシアには製造業156社を筆頭に、卸売業、サービス業、金融・保険業、運輸・通信業など合計347社が進出しており、ウクライナにも57社が進出している。

2014年のロシアのクリミア半島への軍事侵攻に際しては、懸案の北方領土問題を抱える日本は欧米諸国より緩やかな規制に止めている。また、2016年以降は安倍晋三内閣の方針によってロシアとの関係強化の一環として企業進出や事業強化が進められてきており、日本企業のロシアに対する姿勢は欧米企業対比で融和的であった。

しかしながら、2022年のウクライナ侵攻では前述のトヨタ、ソニー、任天堂などの世界的日本企業の多くがロシアから撤退、あるいは取引を停止し、多くの企業がそれに続いている。

(2) ロシアの物流
① ロシアの主な物流ルート

図表2（次頁）は、ロシアの主な物流経路を表したものであるが、ロシアの物流は海路による世界との交易と広大な国土を繋ぐシベリア鉄道を中心とした鉄道が陸路の中心になっている。ロシアの主要貿易港として、サンクトペテルブルグ、黒海のノボロシスク、日本海に面したウラジオストックがある。黒海ルートはウクライナとの戦争によって保険対象水域から除外され、物流は完全に止まった。

サンクトペテルブルグへのルートは、オランダのアムステルダム港やドイツのハンブルグ港で大型船から中小貨物船に積み替える必要があるが、EU各国の税関がロシア向けの貨物の港湾の使用を認めないために実質的に停止している。

ウラジオストック港はロシアの港なので経済制裁を受けないが、コンテナ取扱量は全体の2割にすぎず、主要な貿易相手国の一つである日本との貿易

図表2　ロシアとの物流停止

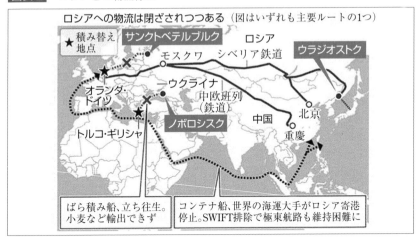

出典：日本経済新聞（2022年3月6日）。

が大幅に低下し、運用が大幅に低下している。

②　ロシア産レアメタル

　ロシアとの海上コンテナ輸送ルートが遮断されることによって、ロシアへのさまざまな機械部品や製品の輸出が止められ、一方、ロシアからの穀物、およびパラジウム、白金、ニッケルなどのレアメタルの輸入がストップする。

　半導体不足が自動車生産に影響を及ぼしていることを述べたが、ロシアが世界の43％（2020年）を産出するパラジウムは自動車の排ガス触媒に使用されるほか、半導体用のメッキにも使用されており、自動車生産などに影響が及ぶことになる。

(3)　ロシア産エネルギー

①　ロシア産エネルギーへの依存度

　より重大な問題は、ロシア産のエネルギー供給が大幅に削減、あるいは停止されることである。ロシアは、アメリカ、サウジアラビアと並ぶ世界の三

大エネルギー資源国の一つであり、EU 最大の経済国であるドイツはロシア産のエネルギーへの依存度が高い。ヨーロッパは気候変動に対する意識が総じて高く、グリーンエネルギーの利用率が高い。ドイツはグリーンエネルギー先進国であり、再生エネルギーと水力発電を合わせたグリーンエネルギーの総発電量に占める割合は 46％に達しているが、それでも約 40％化石エネルギーによる（2019 年）。

　前述のとおり、ドイツは石油、天然ガスをほとんど産出せず、石炭についても国内産出をほぼ停止している。ドイツは、天然ガスの 55％、原油の 1／3、石炭の 5 割近くをロシアより輸入しており（2020 年）、ロシアからの輸入減少全量を他から調達することは困難である。北海油田・ガス田の権益を有するイギリスとノルウェー、フローニンゲンガス田を有するオランダ、原子力発電が総発電量の 7 割近くを占めるフランスなどを除き、多くのヨーロッパ諸国がドイツの同様にロシア産のエネルギーに大きく依存している。

②　ノルドストリーム

　ドイツは「脱原子力」と「脱石炭」をエネルギー政策に掲げているが、グリーンエネルギーの利用がさらに大幅に高まっていくまでの繋ぎとして期待されるのが相対的に CO_2 排出量の少ない天然ガスである。

　天然ガスは、**図表 3**（次頁）のとおりロシアからドイツをはじめとしたヨーロッパ諸国へはノルドストリームと呼ばれる長大なパイプラインによって運ばれている。供給量を増やすために北回りのパイプラインであるノルドストリーム 2 が建設中であったが、ウクライナ侵攻に対する強い抗議として、ドイツはノルドストリーム 2 の承認手続を停止している。

③　ロシアと EU のチキンゲーム

　ロシアにとっても石油や天然ガスのヨーロッパ諸国への輸出は最重要ビジネスであり、最大の収入源を失うことは大きな痛手となる。収入の落込みを中国やインドへの輸出の増加によって補うとしても限界があり、ウクライナ

図表3　ロシアから欧州へのガスパイプラインと EU の天然ガス輸入量の国別内訳（2020 年）

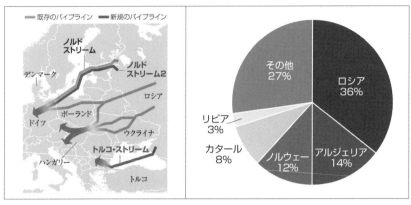

出典：左＝朝日新聞デジタル（2019 年 12 月 23 日）。
　　　右＝ EU 統計局（ユーロスタット）PRESIDENT Online（2022 年 3 月 13 日）。

侵攻による戦費負担が拡大する中で国債の償還が滞ればロシア財政が破綻状態に追い込まれることが想定される。

　一方、ロシア産のエネルギーに大きく依存してきた国では、社会生活と経済活動に深刻な影響が及ぶことになる。ロシアは、ウクライナ侵攻から約 2 か月後の 4 月 27 日にはポーランドとブルガリアへのガス供給を停止しており、ロシアとドイツを結ぶノルドストリームについても点検・補修を理由に供給量を削減・停止している。こうした事態が長期化、さらに激化すればヨーロッパは深刻なエネルギー危機に直面することになる。互いに弱みを握って我慢比べする様子はチキンレースのようでもある（2022 年 9 月 1 日時点）。

　EU は、人口 4 億 5,000 万人、世界の GDP の約 18％を占める巨大市場であり、自動車、医薬品、ハイテク機械生産の世界的市場である。アメリカドルに次ぐ貿易通貨のユーロを有し、金融市場も大きい。ロシアからのエネルギー供給の停止、あるいは大幅な減少によって EU の経済活動が長期間にわたって大きく低下する場合には、世界経済全体に深刻な影響が及ぶことになる。

(4)　脱炭素への影響
①　代替の困難性

エネルギー問題については、アメリカが中心になって中東、北アフリカなどの産油国に対して増産を要請しているが、産油国が増産に同意するとしても大幅な増産には設備の拡充が必要になるためには時間が掛かる。その間、世界のエネルギー供給量は不足して大幅な価格高騰を招いてインフレと経済活動の低下を招くことになる。また、供給を受ける国においても、パイプラインによる石油や天然ガスの供給を石油タンカーやLNG船による供給に切り替えるには専用船を建造し、港湾施設も整備する必要がある。時間と高額の資本が必要になる。不足分は「脱石炭」の一時凍結と原子力によって賄うことにならざるを得ない。

石炭資源はヨーロッパにも豊富にあり比較的短期間に増産も可能である。不足する天然ガスの代替として一時的な利用が検討されているが、環境破壊と大量のCO2排出によってカーボンニュートラルのプロセスに逆行することになる。一方、ヨーロッパには未開発の資源がある。ヨーロッパの地中にはシェールガス層があり、フランスの北西部やポーランドなどの欧州北部、ドイツ、オランダなどに分布するが、環境汚染への懸念から総じて採掘に慎重で、フランスでは水圧破砕法（フラッキング）による採掘を法律で禁じている。

グリーンエネルギーによる供給増に向けて技術開発を急ぐことになるが、問題を一気に解決するような大規模かつ安定的に供給可能なエネルギー、あるいは長期間大容量電力を蓄電できる技術開発には至っていない。今後、世界ではエネルギー争奪戦が繰り広げられると共に、グリーンエネルギー技術開発競争に各国が総力を挙げて臨むことになる。

②　日本への影響

日本のエネルギー事情への影響はドイツほどではないが対岸の火事とはならない。日本は、原油輸入の3.6％（2020年、石油連盟統計資料）、天然ガス

の8.4％（2020年、財務省貿易統計）をロシアから輸入している。

　また、日本の天然ガス輸入の大分部を占めるサハリン沖の2つの石油・天然ガス開発プロジェクトには、日本資本が大きく参画している。すでに、サハリン2プロジェクトにオペレーターとして参画したエクソンとロイヤル・ダッチ・シェルがロシアへの抗議の意思として撤退しているが、ここでは日本はエネルギー供給と権益の維持を優先する対応を行っている。

　日本はサハリン2に三井物産が12.5％、三菱商事が10％の出資を行っていたが、プーチン大統領の大統領令で運営会社が再編成された。三井物産は新会社に12.5％出資することが承認され、三菱商事も権益維持のために出資を継続すると予想されている。ただし、今後については状況が変化することも考えられる（2022年9月1日時点）。

7 脱中国依存

(1) 脱中国依存の目的

　2017年以降本格化したアメリカと中国の貿易戦争は、2019年末以降の最初の新型コロナの世界的感染拡大期において、アメリカが発生源とされる中国の情報開示の消極性を強く非難して対立が決定的になった。さらに、ロシアのウクライナへの軍事侵攻を巡っての姿勢の違いから、全世界を巻き込んでグローバルサプライチェーンの仕切り直しに発展している。

　対立軸はアメリカを中心とした民主主義の価値観を共有する西側諸国と専制主義体制を敷く中国と一帯一路に取り込まれた諸国および反アメリカで一致するロシアなどの連合である。西側諸国からみた脱中国依存の目的は以下、大きく2つある。

① 安全保障

　1つ目は、安全保障に重大な影響が及びかねない最先端通信技術や宇宙開発をはじめとしたハイテク技術分野における中国への技術流出を止め、中国製品を西側諸国市場から排除すること、および一般工業製品についても中国への過度な依存体制を改めることである。これによって国家的重要技術について中国に対する優位性を確実にし、チャイナリスクを軽減することである。

② 民主主義の普遍的価値

　2つ目は、中国の軍事力を背景にした南シナ海や日本の尖閣諸島への現状変更行動をはじめとした「法の支配」に対する挑戦、台湾に対する威嚇、香港、新疆ウイグル自治区、チベット自治区における自由や基本的人権などの民主主義の普遍的価値の否定に対して、西側諸国が容認しないことを明確にすることである。

(2)　中国の飛躍的発展

　中国の発展にとって追い風となったのが東西冷戦の終焉である。世界全体が平和になって民主主義と市場経済に収れんされていくと考えられていた時期であり、中国が国内産業の保護政策を捨て、積極的に海外資本を受け入れ先端技術の導入に努めたのに対して、日本をはじめとした西側諸国は経済効率の向上のために資本と最先端技術を惜しみなく移転し、知的財産権の侵害にも穏便に対応してきた。その結果、中国は短期間にすべての主要産業分野において生産に必要なすべての要素を獲得し、最先端技術製品を含む工業製品の世界の工場になった。

①　中国の GDP

　図表４は、1990 年と 2020 年の GDP 上位 10 各国と G7 のシェアを示したものである。1990 年には世界の GDP（IMF 名目）の 63.4％を占めていた G7 のシェアは、新興国の経済発展によって 2020 年には 45.7％にまで低下している。一方、中国のシェアは 1990 年にはリスト外の第 11 位で、シェアは 1.7％にすぎなかったが、30 年後の 2020 年には 10 倍の 17.4％にまで大きくなっている。インドのシェアも 1.4％から 3.2％へと 2 倍以上に伸びている。

②　G2

　1990 年には日本の GDP の１／８にすぎなかった中国は 2010 年に日本を抜き、2020 年には約 3 倍にまで大きくなってアメリカに迫っている。この間に中国は資本を蓄積し、労働者の教育水準も向上して軽工業から粗鋼生産、造船をはじめとした重工業のみならず、次第に高付加価値製品の生産が可能になり、遂には自国で高度先進技術開発を行うように変貌を遂げていく。

　今や最先端半導体や IT 機器生産の分野でも日本を抜き去り、技術面でもアメリカに対抗するまでに発展している。また、先端技術の結集が必要な宇宙事業においても独自の宇宙ステーションを持つまでに発展し、アメリカと中国の G2 の世界になった。

| 図表4 | 1990年と2020年のGDP上位10か国とG7 |||||||（GDP：100万ドル）|

4 1990年※				4 2020年			
順位	国　名	GDP	シェア	順位	国　名	GDP	シェア
1	アメリカ	5,963,130	25.2%	1	アメリカ	20,932,750	24.8%
2	日　本	3,196.560	13.5%	2	中　国	14,722,840	17.4%
3	ド イ ツ	1,598,640	6.8%	3	日　本	5,048,690	6.0%
4	フランス	1,272,430	5.4%	4	ド イ ツ	3,803,010	4.5%
5	イギリス	1,193,690	5.1%	5	イギリス	2,710,970	3.2%
6	イタリア	1,169,290	4.9%	6	イ ン ド	2,708,770	3.2%
7	カ ナ ダ	596,089	2.5%	7	フランス	2,598,910	3.1%
8	イ ラ ン	588,399	2.5%	8	イタリア	1,884,940	2.2%
9	スペイン	535,652	2.3%	9	カ ナ ダ	1,643,410	1.9%
10	ブラジル	455,335	1.9%	10	韓　国	1,630,870	1.9%
	G7	14,989,829	63.4%		G7	38,622,680	45.7%
	全 世 界	23,627,410			全 世 界	84,537,690	

※　1990年の中国のGDPは11位で396,580百万ドル（シェア：1.7%）。インドのGDP
　　は第12位で326,608百万ドル（シェア：1.4%）。
出典：IMF。

　また、中国は経済的に豊かになって潤沢な資金を持つようになるとさらなる高みを目指して一帯一路経済圏構想を立ち上げ、経路に当たる諸国の港湾施設をはじめとしたインフラに巨額投資を行って西側諸国に対抗する一大経済圏の構築に向かっている。

(3)　歪みの是正と対立
①　経済効率重視の見直し
　中国の最先端通信技術・機器は西側諸国の安全保障に重大な懸念となり、強大化した軍事力を背景に国境（領海、領空、EEZ、防空識別圏を含む）の変更と「法の支配」に対する挑戦を開始した。さらに、西側諸国の崇高な精神である民主主義と基本的人権を脅かす行動が行われるようになると、現状の経済関係の継続は困難になる。一般工業製品についても、サプライチェーン

リスクの視点から過度な依存となっている分野の調整が求められることになる。これまでの効率性、あるいは価格競争力を重視して構築されてきたサプライチェーンは根本から見直される。

②　ドナルド・トランプ大統領の登場

2017年にアメリカ大統領に就任したドナルド・トランプは、大統領選期間中から各国との「貿易の不均衡の解消」と「国内雇用の改善」を重要政策に掲げ、就任直後から選挙公約の実現に向けて強引にも思えるアクションを起こしている。

まず、隣国メキシコとの国境に長大な壁を築いて不法入国者の排除に乗り出し、アメリカの労働者の雇用確保を図った。貿易条件については、カナダ、メキシコとのNAFTAの条件を見直し、すでに調印がなされて議会承認を待つだけであったTPPへの参加を撤回した。また、貿易収支の不均衡が拡大していた中国、さらには同盟国の日本、ドイツなどに対しても具体的な貿易収支改善策の実施を求めた。

貿易赤字金額が突出して大きくなっていた中国に対しては、2018年3月に中国の鉄鋼製品などへの貿易関税を引き上げるなど強い措置を講じている。一方、中国はアメリカの制裁的措置に猛烈に反発し、報復としてアメリカからの輸入品の関税を引き上げ、エスカレートした互いの報復措置の応酬によって関税引上げの対象は双方の輸入金額の7割にも達した。

③　安全保障の重要性

あらゆる国家政策の中で最も優先される政策が安全保障であり、最先端通信技術の流出と中国製の通信機器の使用によってアメリカの安全保障が脅かされるという強い疑念が生じている。2018年11月にはアメリカが中国の通信機器大手のファーウェイの実質的な締め出しを発表したが、アメリカ（と同盟国）の先端通信技術の中国への流出とファーウェイをはじめとした中国メーカーの機器を使用することによって国家の安全保障と企業・個人の情報

が中国に持ち出されているとの判断による。

④ 法令による脱中国依存

脱中国依存は西側諸国政府の単なる掛け声ではなく、重要な国家戦略となっており、そのための法整備も進められている。

アメリカでは次世代通信技術に関連して、「2019年国防権限法（NDAA）」（2018年8月成立）に基づき、安全保障上重要な技術の国外流出防止を理由に輸出管理や投資規制を強化している。具体的には、前述のファーウェイなど中国企業5社からの政府調達を禁止し、「輸出管理改革法（ECRA）」の下、AI・ロボット・バイオテクノロジーなどの主要な「最先端・基盤（emerging and foundation）技術」を輸出規制の対象としている。また、法律・規制の及ぶ範囲はアメリカ国内に限定されず国外に及ぶ。

2020年5月にはファーウェイおよび関連会社への輸出管理を強化し、アメリカの技術を用いたアメリカ以外の製品も対象となった（9月15日実施）。このため、日本を含めた第三国の企業においても、安全保障の観点から技術管理の強化や事業戦略の見直しが必要になる。さらに、「外国投資リスク審査 近代化法（FIRRMA）」（2020年2月施行）により対米外国投資委員会（CFIUS）の権限を強化している。

⑤ 西側諸国の追随の動き

EU、イギリス、オーストラリアなどの国々においても、外国投資の事前審査制度（投資スクリーニング制度）を導入・強化し、特定国を念頭に安全保障を理由とした外国投資規制の強化を相次いで打ち出し、自国企業に対して海外投資やグローバルな活動に関する方針転換を求めている。すなわち、貿易や投資を行う際に、政治体制の違いによる国家観、国際ルールに対する理解、人権に対する考えの相違などを重要な検討要素とすることを求める、ということである。

米中間の貿易収支不均衡問題は遅かれ早かれ相互の関税引下げによる一定

の解決が図られるであろう。しかしながら、安全保障や国家の機密に関連する最先端通信技術・機器、宇宙産業などについてはサプライチェーンが見直され、アメリカと緊密な同盟国において技術開発・製品製造が行われることとなる。輸出も原則として西側諸国に制限され、中国や西側に対抗する諸国に対しては厳しく内容がチェックされることになる。

⑥　一帯一路に対するホワイトナイト

　一方、西側諸国と中国の対立に中立的な諸国をどちらの経済圏に取り込むかが競争となる。すでに中国は一帯一路の加盟国のインフラなどにAIIBなどを通して巨額の投資を行っているが、近年西側諸国が猛烈に巻き返しに出ている。一帯一路では、国力を超えたインフラ開発によってホワイトエレファント（無用の長物）を次々に作って建設費と維持費で借金漬けにされた国が出てくるなどの問題点が明らかになってきており、自由な意思によって経済戦略を決定する機会を与えるというホワイトナイトの動きが始まっている。

　その一環として、アメリカは1.75兆ドル（192.5兆円）規模の「3B世界構想（Build-Back-Better-World）」を打ち出し、EUも3,000億ユーロ（37兆5,000億円）規模の世界的な投資計画「グローバル・ゲートウェイ（Global Gateway）」構想を発表している（2021年12月1日）。イギリスも「クリーン・グリーン・イニシアチブ（Clean Green Initiative)」により発展途上国のカーボンニュートラル技術の活用と持続可能な経済成長を支援するために5年間で30億ポンド（4,050億円）以上を支援する構想を打ち出すなど、2021年以降G7諸国による途上国に対するインフラ支援に関する具体的な構想が次々に打ち出されている。

⑦　航行の自由作戦

　中国の力による国境の書換えに対しても関係当事国が反発しており、そこに現在の国境の画定と「法の支配」ルールの確立に大きく関与した西側諸国

が反発を強め、安全保障とサプライチェーンの枠組みに引き入れようとする動きが出てきている。

　中国とフィリピン、ベトナム、インドネシアなどが互いに領有権を主張する南太平洋海域では、中国が人工島を作って軍事拠点化するなどの強引な海洋進出を進めているが、これに対抗してアメリカ、イギリス、オーストラリアなどが「航行の自由作戦」を行って中国を強く牽制している。また、日本の尖閣諸島周辺における領海・領空侵犯や日本のEEZにおける海洋調査に対しては、アメリカは日本の主権を認め、交戦状態に及んだ場合には日米安保条約を発動することを明言して中国を牽制している。

　香港の自治への中国政府の介入、民主主義・市場経済体制を敷く台湾に対する軍事力を背景にした威圧、イスラム教徒であるウイグル族に対する人権侵害、政教一致の文化を持つチベット族に対する宗教と自由の制限などの問題についても西側諸国は中国を強く非難し、内政問題とする中国との対立は激しさを増している。

⑧　QUADとAUKUS

　中国の軍事力を背景にした威嚇に対して、航行の自由作戦に止まらず西側諸国も軍事力で対抗する構えをみせている。日米豪印4か国戦略対話（クワッド：QUAD）は、安倍晋三首相（当時）が提唱した「自由で開かれたインド太平洋」の実現を目指すと共に、対中国を意識した外交・安全保障の協力体制であり合同軍事演習を通して連携が強化されている。他にも、オーストラリア、イギリス、アメリカの3か国間の軍事同盟（オーカス：AUKUS）があり、アメリカ、イギリスがオーストラリアの軍事力を強化して中国に対抗することを目的にしている。

　どのような国際問題も平和裏に解決できる、という考えが一部にある。しかしながら、2014年のロシアのクリミア半島への軍事侵攻、2022年のウクライナ全土への侵攻に対して、国連の常任理事会では中国がロシア擁護の姿

勢を示し、国連総会においてもロシア非難決議[8]で棄権した事実をみれ
ば、何事も平和裏に話合いで解決できると思うのは幻想であることが明らか
である。わが国にミサイルを打ってくるかもしれない国、国際的ルールに基
づく変更の審議を経ずに自国の考えを押し通そうとする国との関係について
は慎重にならざるを得ない。

(4)　チャイナリスクの軽減

　ロシアによる報復措置によって欧米資本の資産凍結・国有化、融資の返済
条件の変更（ロシアルーブルへの変更など）、リース契約の支払停止などで西
側資本に被害が発生する。リース物件の返還拒否では、エアバス社とアメリ
カのボーイング社からのリースによるロシアの旅客機の大部分が未回収とな
り、被害額（航空機の市場価格総額）は約 103 億ドル（1 兆 1,330 億円）に上
る[9]。ロシア国債のデフォルトが現実化すればさらに損害額が大きくなる。
　しかしながら、ロシアの経済規模は世界 11 位で世界全体の 2％に満たな
い（2021 年 GDP）。ロシア経済の約 10 倍の中国で同様なことが起これば世
界経済とサプライチェーンへの影響は計りしれない。サプライチェーンの再
構築は、チャイナリスクを事前に軽減しておくことでもある。

①　隠れた債務

　サプライチェーンの構築にあたっては地政学リスクとサプライチェーンリ
スクを正しく評価して行う必要があるが、現在運用されているサプライ
チェーンの見直しは簡単にはいかない。ドイツの最大の貿易相手国は中国で
あり、EU 加盟国のイタリア、ポルトガル、ギリシャのほか、旧東側諸国の
多くが一帯一路の協力文書に署名している。

---

8) 2022 年 3 月 2 日の国連総会（193 か国）におけるロシア非難決議、賛成：141 か国、
　反対：5 か国、棄権：35 か国、無投票：12 か国。
9) Bloomberg（2022 年 3 月 9 日）。

　アメリカの民間調査機関によれば、中低所得国で中国から融資を受けながら公になっていない「隠れた債務」が3,850億ドル（42.35兆円）あり、対中債務がGDPの10％を超える国は42か国にも上るとされる[10]。そこから抜け出すことは容易ではない。

②　債務の罠

　過大な債務の返済が困難になると債務免除と引換えにインフラ権益や土地を中国に渡すことになる。「債務の罠」とも呼ばれ、ギリシャのピレウス港はすでに中国が所有している。

　スリランカは深刻な経済危機に陥って2022年7月5日に「破産」を宣言しているが、債務の罠によって経済危機が深刻化したという指摘がある。債務免除との引換えでインド洋に面するハンバントタ港を99年間中国企業に貸与する契約を締結している。

　また、オーストラリアの目と鼻の先にあるソロモン諸島は、一帯一路構想に加わっただけでなく2022年4月に中国との間で安全保障協定まで締結している。

(5)　立ち位置が不明確な国
①　インド

　2023年に中国を抜いて人口が世界一になるインドは、ネパール王国とブータンを挟んでヒマラヤ山脈で長く中国と国境を接し、たびたび軍事衝突を起こしている。そうした背景もあって、インドはクワッドの一員となっており、対中国を意識した外交・安全保障の協力体制を敷いている。

　一方、インドの軍事装備はロシア製武器に依存しているほか、ロシアとはウクライナ侵攻後も合同軍事演習を行うなどロシアとも友好的な関係にあり、国連のロシア非難決議では中国と同様に棄権している。経済制裁につい

ても欧米諸国、日本などとは同調せず、新たに安価になったロシア産石油の購入を開始するなど逆方向の動きをみせている。また、日本の自衛隊機によるウクライナへの人道支援物資輸送の物質積込みのためのインド寄航を拒否するなど、立ち位置が不明である。

　ブラジル、インドネシアについてもインドと同様に立ち位置が不明である。

②　韓　　国

　本書では西側諸国の具体名を挙げるときにお隣の韓国を挙げていない。韓国は、米中間の貿易戦争と先端通信技術を巡る対立、北朝鮮問題、ロシアのウクライナ侵攻などの国際問題において、安全保障はアメリカ、経済は最大貿易国である中国という姿勢で臨んでいる。アメリカ、日本、ドイツ、イギリス、オーストラリアなどの西側主要国が現在の対中貿易の利益の犠牲を甘受しながらサプライチェーンの大幅な変更を図ろうとしている中で、韓国は安全保障と経済のデカップリングを国家戦略としている。

　また、日本と韓国との関係は冷え切っている。日本の竹島の不法占拠の継続、天皇陛下を日王と呼び日本の韓国統治に関する天皇への筋違いの謝罪要求、韓国の駆逐艦による日本の海上自衛隊機への火器管制レーダー照射、慰安婦問題のゴールポストの移動、1965年の日韓請求権ならびに経済協力協定に反する徴用工問題での韓国の司法判断に基づく日本企業への請求など、近年、日韓関係の発展に逆行する行為が続いている。

　一方、日本は、2019年8月に木材と食料品を除く輸出品に関して輸出管理を簡略化する優遇国（ホワイト国）リストから韓国を除外し、純度の高い半導体素材を日本からの輸入に依存してきた韓国に警告を発したが、韓国は報復として日本をホワイト国から除外し関係改善には向かわなかった。韓国の対日政策の大幅な変更がなければ関係改善は望めず、日本の重要なサプライチェーンに韓国が入ることはなさそうだ。

(6) サプライチェーンの仕切り直しのリスクと保険の利用

　デカップリング時代に構築したサプライチェーンについては、リスクマネジメントの視点から検証を行い、大胆な変更を行う必要がある。中国との関係の見直しは西側諸国にとって非常に重要な課題であり、特に隣国であり東シナ海を挟んで接する日本にとって非常に重要な課題となる。中国は日本の最大の貿易相手国であり、中国から農産物から工業製品、先端通信機器、デジタル機器生産に欠かせないレアメタルに至るあらゆるモノを輸入している。しかしながら、現在の地政学を踏まえれば、あえて「脱中国依存」を実行し、先端技術・製品の自国生産回帰と他のアジア諸国へのリスク分散によって新たなサプライチェーン構築に向かわざるを得ない。

　国家経済の浮沈が掛かる大規模なサプライチェーンの仕切り直しには高額投資を伴う。政府の政策面、税制面での支援、政府系ファンドによる資金面での支援が必要となるが、民間企業の事業である限り政府の支援は民間の資本投下に応じたものとなる。すなわち、大きな政府支援をもらうためには相応の民間資本投下が前提になる。そこで重要になるのが、投資に対する金融市場商品によるリスクヘッジと、高価値の生産設備について不測の事故や災害に備えて保険によりリスクヘッジしておくことである。

　また、事故や災害、サイバー攻撃などによる事業中断やサプライチェーンの寸断による事業中断についても保険を付けて復旧資金を確保し、事業中断期間を短くすることがグローバルサプライチェーンの中で安定的かつ重要な位置を占めていくうえでの鍵となる。サプライチェーンの再構築にあたって、保険の利用によって資本と経営の安定化を図れる体制を整備しておくことが重要である。

第7章

持続可能な社会の実現に向けて

1 文化的社会の発展

　現在進行形、あるいはこれから起こる重大な変化として、デジタル社会の起動、地球温暖化による気候変動と気象災害の激化、「脱ロシア産エネルギー」をきっかけに突然起こったエネルギーの争奪戦と価格上昇、脱炭素社会の実現に向けたグリーンエネルギー開発競争の加速、西側諸国の「脱中国依存」と先端通信技術・製品開発競争などの例を挙げた。また、本書において詳しく触れなかった重大問題としてロシア・ウクライナ戦争によって深刻化した食料問題がある。

　人類が文化的社会を継続していくためには、それらの問題解決を図ると共にさまざまなリスクに対処していかなければならない。新型コロナパンデミックの経験を踏まえて新たなパンデミックの再来に備え、デジタル社会におけるサイバー事故にも備えていかなければならない。これらの問題には各国が総力を挙げて取り組むことになり、勝者となった国および連携したグループがグローバル経済を主導していくことになる。

　気候変動は今や人類最大のリスクとなっているが、日本では気温と海水面温度の上昇に伴う台風や豪雨・洪水などの気象災害の激化にも備えなければならない。加えて、日本は世界有数の地震大国であり、巨大地震の再来にも備える必要がある。

　日本特有の問題もある。財政状況の悪化は、30年に及んだ経済スランプによって税収が伸びない中で少子高齢化社会の進展に伴う社会保障費用の増大が招いた結果であるが、近年相次いだ大規模自然災害と新型コロナによってさらに大幅に厳しくなった。債務残高がGDPの256.9％（2021年）にも膨れ上がり財政の健全化が求められる中で、経済が成長基調に戻って財政状態が大幅に改善されるまで、大きな災害や経済不況が起こっても政府には振る袖がない。

　さらなる問題は、日本が再びグローバル経済において飛躍するための基礎

体力を 1990 年代初頭の不動産・株バブル崩壊以降に消耗してしまったことである。新型コロナパンデミックが起こったときに、多くの国民が日本の医療と医学が日本国民を救い、世界中の尊い命を守るために大きな貢献をしてくれるものと期待したが、感染者数が欧米の 10 分の 1 以下で医療崩壊を起こし、治療薬やワクチンも輸入に頼らざるを得なかった。

　また、先端半導体の技術開発と優れた生産体制の確立で世界をリードした日本が、半導体不足で虎の子の自動車生産にも影響が出て大量の受注残を抱え、車種によっては購入申込みを打ち切る事態となった。

　高度な技術による日本のモノづくりは、長期に及んだ経済スランプの間に世界から遅れを取ってしまった。

2 サステイナブルな社会の実現

　最終氷期が終わった約 1 万年前に人類は農耕をはじめ、集団で生活するようになったとされる。その後、人類は社会を形成し、さまざまな道具や技術を発明して文明を開化・発展させ、今日に至る。

　その間、民族、宗教、豊かな土地の争奪などで争いを続け、2 度の世界大戦を起こし、大規模なパンデミックにも何度か襲われた。また、農耕社会から工業・商業・金融産業の発展によって社会制度も変化し、現代の民主主義と市場経済、あるいは専制主義と計画経済に至る。

　1 万年に及ぶ人類社会の歴史の中で人類はさまざまな変化を経て文化的社会を発展させてきたが、「文化的社会の発展」が歴史を通しての一貫した目的であり、さまざまな戦争も文化的社会の発展を目指す中での主導権、あるいは覇権を争ってきたにすぎない。ところが、現在人類が直面している課題は「持続可能な社会」の実現であり、各国、各企業、個人は、持続可能な社会実現において主導的な役割を獲得することによってライバル国・企業・個人よりマシな生活を実現することを目指すことになる。

　社会は大変革する。現在のトップランナーであるアメリカと 2 番手の中国から周回遅れになった日本が大変革の中で生き残り、勝ち抜いていくためには、変化を先取りして世界中のどの国より大胆に自らをリニューアルする必要があり、さらにさまざまな変更を短期間に成し遂げなければならない。

3　大変革社会

　大変革する社会について、本書の中心的テーマでもある「デジタル社会」、「脱炭素社会」、「地政学によるサプライチェーンの再構築」の3つの側面からみてみたい。

　なお、さまざまな社会変化は単一の要因によって起こるのではなく、さまざまな要因が複合的に作用して起こる。

　「脱ロシア産エネルギー」はエネルギー供給量の不足を起こして世界的なエネルギー価格上昇と争奪戦を引き起こしているが、その中心的エネルギーである天然ガスの利用は、石炭および石油の利用による CO_2 排出量の削減のための経過的戦略である。グリーンエネルギーの技術開発による大量増産までの重要な繋ぎとして位置付けられ、地政学との関係も大きい。

　さまざまな変化とリスクについては、最も関連が強いと考えられるテーマで取り上げるが、重複が生じることについては容赦願いたい。

(1)　デジタル社会
①　デジタル社会以前

　産業技術は常に進化を続け、経済成長して社会は豊かになる。18世紀の産業革命では蒸気機関の発明によって工業生産が飛躍的に伸び、馬車や帆船は蒸気機関車や蒸気船に変わり、さらに石油がエネルギーとして使用されるようになると自動車、航空機が登場し、移動・輸送手段が大型化・高速化した。他にもさまざまな機械が発明されて軽工業から重工業が発達して文化的社会生活が大きく発展した。

　産業革命では人間の最良のパートナーであった馬が犠牲になったが、経済の急速な発展によってヒトは恩恵に浴し、人口も増えた。新型コロナパンデミックが一気に進めた社会と産業構造の変化がデジタル社会である。生産現場への IoT、AI の導入による無人化、オフィスワークのリモート化、対面か

らネット販売へのシフト、非接触の代金支払いなどによって産業構造が大きく変わり、日々の生活の利便性は大いに高まる。しかしながら、低成長の基調が大きく変わることは考え難く、ヒトの代わりに犠牲になってくれる動物はいない。

　新たな技術や産業の登場に伴うリスクにどのように対応していくかも問題になる。産業革命では、蒸気機関を用いた列車、船、さまざまな機械の登場と工場の大型化によって事故も大規模化したが、右肩上がりの経済と保険制度の発達（Lloyd's 保険市場の発展）が不測の事故から経済活動を守った。経済活動領域の拡大によって、どこかで遅れが生じても新領域への進出で取り戻すことができた。低成長基調の現在の経済状況とは大きく状況が異なっており、デジタル社会の出遅れとリスク対応の不備は長く将来にわたっての致命傷になりかねない。

②　デジタル社会の向かう方向

　デジタル社会ではすべてのヒトとモノがインターネット上で接続され、産業の基本的構造が大きく変わる。

　大量生産・大量消費から消費者の多様な嗜好に対応したオンデマンド生産に変わり、販売の多くが対面からネットに変わる。生産現場の無人化と遠隔操作、カーシェアリングや配送の無人化、オフィスワークのリモート化などの変化がさらに進む。

　支払い・決済は、すでに行われているクレジットカードや銀行振込みがさらに普及し、暗号通貨の普及も手伝って非接触型決済に移行する。また、中国が先行して試験的導入を行った CBDC が遠からず日本を含む他の主要国で導入される可能性が高い。

③　変化に疎かった日本

　日本のデジタル化が主要先進国に比べて大幅に遅れていることを説明したが、世界のデジタル社会への移行について日本で報道されていなかったわけ

ではない。デジタル社会で必要になる機器の紹介も行われ、日本国内での入手にも問題はなかった。日本でもデジタル機器を積極的に導入していた企業や個人もいたが、大きな流れにはならなかった。また、デジタル機器の多くがアメリカ、中国、台湾、韓国などで生産されており、日本の家電メーカーは後塵を拝している。

　日本は、1980 ～ 1990 年代には高画質テレビや機械仕掛けの小型音楽機器で世界市場を席巻したが、DX が世界市場を主導する鍵であるという認識が希薄で、政府の支援も十分ではなかったために世界から取り残されてしまった。成功体験が時代の変化を見誤らせたことは否めないが、過去の遺産もそろそろ食い潰している。ここでデジタル社会への移行が遅れれば浮力を失い、日本の再浮上の機会を今後長期にわたって失うことにもなりかねない。

　デジタル社会は高度に経済効率性が高められた社会となる。5G、6G をはじめとした先端通信技術がグローバルな企業間競争の決め手となり、勝者総取りの経済社会となる。日本が遅れを取り戻し、さらに優位性を確保するためには人材が必要になるが、日本企業では IT 技術者が不足している。人材不足問題の解消には教育・育成機関が必要になるため、一朝一夕というわけにはいかない。当面は、海外から必要なサービスの提供を得ながら国内人材の教育・育成を急ぐしかない。

④　サイバーセキュリティの重要性

　デジタル社会の最大のリスクはサイバー空間の事故である。サイバー攻撃が国家間戦争と社会を混乱状態に陥れる懸念は、ロシア・ウクライナ戦争で現実的脅威であることが確認された。また、金銭の取得を目的としたサイバー攻撃は一大ビジネスとなっている。大企業が複数利用するクラウドシステムを標的としたサイバー攻撃やランサムウェアによる攻撃は標的とされた企業を窮地に陥れるだけでなく、サプライチェーンを寸断させて経済活動を低下させ、影響はグローバルに及ぶ。

　政府機関、企業、個人の情報を守っていくにはサイバーセキュリティの拡

充が是非とも必要であり、IT 技術者の不足はセキュリティの拡充を図るうえでも重大な障害となる。ただし、筆者は短期間に国内で IT 人材を育成することについて悲観的ではない。IT 革命が起こった 1990 年代以降に生まれ、ゲーム機を含めた IT 機器に接してきた年齢層は生まれながらにして IT 世代である。IT 機器への抵抗感が少なく分厚い取説を必要とせず、新しい IT システムや機器に慣れるのも早い。日本社会が本腰を入れて IT 人材育成に臨むなら、IT 人材不足問題は案外短期間に解消できるものと考えている。

⑤　先端半導体自給の必要性

　マイクロコンピュータ、マイクロコントローラ、あるいはマイクロプロセッサ―などを和製英語でマイコンと呼ぶ。それらはデジタル機器に組み込まれた頭脳であるが、半導体が主たる素材である。特に、先端半導体の供給に問題が生じた場合、通信機器のみならず高度なマイコンを搭載する自動車、家電、精密機械、デジタル機器の生産能力・価格競争力に大きな影響を及ぼすことになる。

　半導体生産の上位を占める台湾は、台湾海峡を挟んで中国から軍事的威圧を受けている。韓国は、核兵器・ミサイル開発に邁進する危険な北朝鮮と隣り合わせ、日本との信頼関係が崩壊している。中国については、安全保障をはじめとした問題によって日本を含む西側諸国が脱中国依存を図っている。日本は、モノづくりの生命線をそれらの国々に委ねるわけにはいかない。また、アメリカは先端半導体技術大国であり生産国でもある。日本の同盟国でもあるが、日本がエネルギーと食料を輸入に依存する中で、モノづくりの核である半導体までアメリカからの輸入に依存するわけにはいかない。

　日本のかつてのお家芸の半導体生産は、それらの国々から大きく遅れを取ってしまったが、半導体のレベルは遠からず 2 nm の次世代半導体に移行する。現在の半導体生産大国も技術開発と生産設備の更新が必要になるので、日本が半導体技術開発・生産のレースに戻るには良い機会となる。すでに遅れを取っている日本が単独での技術開発と量産体制の確立は容易ではな

いが、前述のとおり、日本はアメリカとの共同技術開発によって新たな競争に臨むことができる。

　兆円単位の投資については腹を括り、持てるリソースのすべてを投入し、先端半導体の自給による安定供給体制の再構築が日本経済浮上の大きな一歩となる。

⑥　デジタル社会と脱炭素

　脱炭素社会の実現に向けて、SDGs の目標の一つとして環境保護、および森林保護が重要な取組課題となる。デジタル社会は、ペーパーレスの社会でありSDGs に適った社会であるが、一方では、電力消費量が増大するという問題を抱える。ナノ技術をはじめとして省エネ技術が発達しているが、人間の作業をデジタル機器に置き換えるので電力消費量は増えることになる。

⑵　脱炭素社会

　進行中の気候変動と気象災害の激化の原因が地球温暖化であることは科学者の一致した見解であり、人類と生態系全体への不可逆的事態となる前に温暖化に歯止めを掛けなければならない。カーボンニュートラル、ゼロエミッションを早急に達成する必要があるが、そのためには化石エネルギーをグリーンエネルギーによって代替し、さらに、デジタル社会への移行に伴う電力需要の増加と人口増加による需要の増加分に対してもグリーンエネルギーによって賄わなければならない。人類は明確な解決策を持っていないが、問題解決を先延ばしにすることはもはや許されない。

　第5章において、SDGs と ESG の取組みの重要性について説明をした。SDGs と ESG、あるいは CSR は別々の概念であり、SDGs が政府や企業が持続可能な世界を実現するための目標であるのに対して、ESG は企業経営における重要な要素である。しかしながら、企業が ESG を実践すれば自ずと SDGs の目標達成に繋がることから両方をセットにして取り組む企業が多い。

　また、投資家の立場からは ESG にしっかり取り組む企業に投資すれば間

接的に SDGs に貢献することになる。したがって、企業は、それらの取組み
によって市場からの高い信頼、ブランド力、投資家からの高い評価の獲得、
市場競争力の向上が図られ、資金調達においても有利に作用する。

①　ESG 投資残高

　図表 1 は、アメリカ、ヨーロッパ、日本、カナダ、オーストラリア／
ニュージーランドの 5 つの国・地域の機関投資家を対象とした調査である。

　それによれば、5 か国・地域の ESG 投資額は 2020 年に 35 兆 3,010 億ドル
(3,883 兆 1,100 億円) に達しており、2018 年対比で 15%、2016 年対比で 55%
増加している。国・地域別では元々 ESG 投資に関心の高かったヨーロッパ
の伸びはないが、アメリカ、カナダ、オーストラリア／ニュージーランドで
は 2016 年対比で 2 倍前後に拡大し、近年関心が急速に高まってきた日本で
は 4 年間で 8 倍以上に拡大している。

②　保険業界の石炭産業への対応

　ヨーロッパを中心に多くの機関投資家がすでに石炭産業および石炭を燃料
に用いる発電事業への投資を取り止めることを発表しており、保険業界にお
いても石炭の採掘や新たな石炭火力発電所などへの保険の提供を取り止める
動きがみられる。ESG に当てはまらない産業・事業の継続は次第に困難に

図表 1　ESG 投資残高 (2016 ～ 2020 年)　　　　　　　　　　(単位：10 億ドル)

地　　　域	2016 年(A)	2018 年 (B)	2020 年 (C)	(B/A)	(C/A)
アメリカ	8,723	11,995	17,081	1.38	1.96
ヨーロッパ	12,040	14,075	12,017	1.17	1.00
日　　本	474	2,180	2,874	4.60	8.17
カ ナ ダ	1,086	1,699	2,243	1.56	2.23
オーストラリア／ニュージーランド	516	734	906	1.42	1.76
合　　計	22,890	30,683	35,301	1.34	1.55

出典：Global Sustainable Investment Review 2020

なっていくことになる。

③　税制による ESG 支援

税制においても ESG と同様な動きが起こることが予想される。

本書ではウィリアム・ノードハウスの炭素税の導入と経済性について説明したが、より広範な目的の環境税についても導入・強化されることが予想される。また、温室効果ガス排出量の削減を行う場合とそうでない場合に対して税負担に差をつける排出量取引をはじめとしたさまざまな制度の導入が予想され、制度面においても脱炭素社会の実現を後押ししていくことになる。

④　意欲的目標設定の必要性

企業、あるいは国家がグローバルな経済競争において優位性を確保していく重要な産業分野として、先端半導体、通信技術、IoT、AI、ロボティクス、宇宙技術などがあることを紹介してきたが、気候変動対策が世界共通の最重要対策課題となっている中で、カーボンニュートラル、あるいはゼロエミッション技術はさらに市場規模の大きな競争分野となる。

日本は、1970 年代の 2 度のオイルショック（1973 ～ 1974 年、1979 ～ 1980年）を経て省エネ技術で世界をリードしてきたが、これまでの省エネ効率を高めるという目標から、ゼロエミッション技術開発で世界をリードするという次元の異なる目標に変更する必要がある。

SDGs と ESG の取組みを積極的に進めていくとしても、一朝一夕に脱炭素社会が実現できるわけではない。世界中の企業と研究機関で再生エネルギーの低コスト化技術の開発が進められているが、化石燃料を全面的にグリーンエネルギーに置き換える技術段階には到達していない。加えて、ロシアのウクライナ侵略に対する経済制裁とロシアの対抗措置によって石油と天然ガスの供給量が減少している。ドイツなどでは代替として石炭の使用量を増加せざるを得ない状況であり、一時的には取組みが後退することが予想される。

　IPCC の第 6 次評価報告書では脱炭素社会への移行スケジュールの遅れが指摘され、ロシア産の天然ガス供給量の減少に伴う石炭の代替使用による取組みの後退によって、気温上昇を 1.5℃以下、あるいは 2℃未満に抑える目論見が危うくなってきている。地球環境への影響を最小限に抑えるためにも、デジタル社会の叡智を結集してグリーンエネルギー発電に関する課題解決を急ぐ必要がある。

⑤　エネルギー政策の変更

　エネルギー価格については、今後も長期的に上昇傾向が続くことが予想される。

　ピークオイルが叫ばれて久しいが、新たな油田の発見や深海の油田掘削技術の向上、さらにはシェールオイル開発によってこれまでは十分な供給量が確保されてきた。しかしながら、陸上から簡単な装置で生産できる低コストの石油はすでにピークを過ぎており、石油価格は上昇傾向を辿ることになる。天然ガスについてもアメリカのシェールガス開発によって世界の供給総量が確保されているが、同様な事情にある。加えて、ロシアのウクライナ侵攻をきっかけに石油と天然ガスの供給量が減少したために世界のエネルギー争奪戦が激化し、世界的な価格上昇を招いている。

　「脱ロシア産エネルギー」は世界各国のエネルギー政策の大幅な変更とグリーンエネルギー技術開発の大幅な加速を促すことになる。エネルギー政策の変更については、グリーンエネルギーの増産スピードの最大限の加速はいうまでもないが、デジタル社会と世界人口の増加による電力需要の増大も踏まえれば、脱原子力の方向性については見直さざるを得ないと考える。

　すなわち、原子力発電については、放射性廃棄物の処理問題やチェルノブイリ（旧ソ連、ウクライナ）、スリーマイル（アメリカ）、福島第一原子力発電所の事故によって社会的反発が高く、ドイツでは「脱原子力」を国家政策としている。脱原子力と脱炭素の難しい選択となるが、脱炭素社会の移行の遅れが懸念される中で、グリーンエネルギーの大幅な増産の目途が付くまでの

間の原子力の利用は止むを得ない選択肢となろう。

　なお、日本では福島第一原子力発電所の事故によって原子力発電に対して否定的な意見が多数を占めている。現在停止中の原子力発電所について、耐震問題、およびテロ対策が不十分であるとの指摘があり、廃炉を求める声が強い。しかしながら、日本の電力需要の現状と今後の需要増加に対する解決策としては、グリーンエネルギーの大容量発電が可能になるまでの期間、地震やテロに対して必要な対策を施したうえで原子力発電の稼働率を高め、さらに小型モジュール炉の開発によって発電量を確保するほかないと考える。

⑥　重要課題未解決のグリーンエネルギー発電

　グリーンエネルギー発電には2つの大きな問題がある。

　1つ目の問題は、電力供給の安定性の問題である。風力、太陽光をはじめとした再生エネルギーは、発電量が自然状態に左右される。地熱、潮流、藻類による炭化水素、バイオ燃料など、自然状態の影響を軽減できる方法の研究も行われているが、大容量の発電は見込めない。電力の貯蔵が可能であれば問題解決となるが、大容量の電力を数日間はおろか数時間でも貯蔵できる技術開発の目途は立っていない。したがって、現実的選択としては、当面の間、原子力あるいは化石エネルギーの中で最もCO_2排出量の少ない天然ガス発電、および水力発電との組合わせを行わざるを得ない。

　2つ目は経済性（価格）の問題である。グリーンエネルギーはコスト面で化石燃料による発電コストを大きく上回っていることである。また、大容量の発電ができないためさまざまな種類の発電を行って集約する必要がある。送電網の整備と蓄電技術の向上によって供給の安定性が改善されるとしても価格差の問題が短期間で大幅に改善することは望めない。石油・天然ガス価格の上昇とグリーンエネルギー技術発展によって価格差が縮小していくものと予想されるが、カーボンニュートラル社会におけるエネルギーコストは現在より高くなることが予想される。

　また、デジタル社会の進展と人口増加等の要因によって今後電力消費量が

増大していくことになる。IAEA によれば、世界のエネルギー消費量は 2050
年までに現在（2019 年）より約 30％増加し、発電量については約 2 倍にす
る必要がある。2015 年のパリ協定（COP 21）や 2019 年の COP 25 などで各
国首脳が宣言した温室効果ガスの削減目標のプロセスが目論見どおりには進
んでいない状況において、グリーンエネルギーによる「安定的供給」と「経
済性の向上」の 2 つの課題を達成しつつ、「供給量のアップ」という 3 つ目
の課題も同時に解決していかなければならない。

⑦　グリーンエネルギー外交

グリーンエネルギーへの移行までの繋ぎとして期待されていた天然ガスの
供給量が突然大幅に不足する中で、各国がグリーンエネルギーおよび蓄電技
術開発計画を前倒しにして総力を挙げて取り組んでいくことになる。グリー
ンエネルギー技術開発競争で先んじることができれば世界中から技術・装置
に対する巨大な需要を取り込むことができ、経済成長の大きなエンジンとな
る。また、国際政治の舞台においても優位に立つことができる。

新型コロナワクチン開発にいち早く成功したアメリカ、ドイツ、イギリス
がワクチン外交によって優位に立ったが、グリーンエネルギー技術・装置の
経済規模は桁がいくつも違ってくる。それだけに、各国は総力を挙げてグ
リーンエネルギー技術開発に臨んでくることになる。日本政府も思い切った
資金援助と支援体制を確立し、官民を挙げて本気で開発競争に挑んでいく必
要がある。

(3)　地政学によるサプライチェーンの再構築

第二次世界大戦後のヨーロッパは、ワルシャワ条約機構に加盟する東側陣
営と北大西洋条約機構（NATO）に西側陣営の 2 つの陣営に分かれ、ウイン
ストン・チャーチルは緊張した対立状態を「鉄のカーテン」と表現した。東
西両陣営は経済的にも分かれ、西側がアメリカを中心とした民主主義と市場
経済によって結束する一方で、東側はソビエト連邦を中心として社会主義と

計画経済によって結束した。ヨーロッパにおける東西対立は全世界に投影され、多くの国が政治・経済体制によっていずれかの陣営に組み込まれていった。

　1991年12月にソビエト連邦が崩壊して東西冷戦が終結すると、政治・経済体制は民主主義・市場経済に収れんされるという前提でグローバリゼーションが推し進められた。発展途上国のいくつかは新興国となって目覚ましい経済成長を遂げ、中国は世界の工場となってアメリカに次ぐ巨大経済圏に成長し、宇宙、通信産業などでは技術的にもアメリカの最大のライバル国に成長していった。

①　G2による経済圏構築競争

　中国は西側先進国の資本を積極的に招き、市場経済ルールについても部分的に受け入れて2001年にはWTOにも加盟したが、すべてを受け入れたわけではなかった。中国の経済体制は計画経済に市場経済をミックスした社会主義市場経済であり、国有企業を残しているほか、貿易・為替・経営ルールについても市場経済ルールと同じではない。西側諸国が重視する知的財産権についての認識も異なっている。また、西側諸国がグローバリゼーションを進めるうえで、少し時間が掛かるとしても人権や「法の支配」などについて基本的価値観が受け入れられることが大前提であったが、中国が経済成長を遂げるにつれて基本的価値観において埋められない溝があることが明らかになった。一方、中国は一帯一路構想によって中国を中心にしたグローバル経済圏の構築に向かっている。

　米中間において貿易収支の不均衡の解消を巡って対立状態になったが、いずれかのグループに入るように求められても自国の国益を損ないかねない政治的判断は難しい。しかしながら、対立の要因が貿易収支の不均衡のみならず、人権や法の支配の問題にまで及んでくると八方美人ではすまされなくなる。さらに、先端通信技術の流出と中国製通信機器の使用が国家の安全保障に重大な影響が及びかねないことが明らかになると、西側諸国は「脱中国依

存」を明確に打ち出した。

　脱中国依存は中国とのすべての貿易や資本取引を停止するということではないが、安全保障に関連する最先端通信技術・機器をはじめとした先端技術・製品について「脱中国」を図り、工業製品・部品などの輸入についても中国への過度な依存体制の解消に向かうことになる。すなわち、先端通信技術・製品については、自国内、あるいは民主主義と市場経済および人権と法の支配に関する価値を共有できるグループ内で開発から製造まで完結することが求められる。また、付加価値の低い工業製品・部品や大量消費材についても、サプライチェーンのリスクマネジメントによって一定割合を中国および一帯一路に拘束されない諸国に振り分けられることになる。

②　中東地域の地政学リスク

　ロシアのウクライナ侵攻によって西側諸国の「脱ロシア産エネルギー」の方向性が明確になったが、ロシアからのエネルギー供給の大幅な削減によって世界的なエネルギー価格の上昇とエネルギー争奪戦が展開されている。

　中国およびインドはエネルギーを中東からの輸入に大きく依存しているが、両国はロシア産のエネルギーの輸入を継続・増加する方針である。しかしながら、それによって中東の石油・天然ガスの供給に余裕ができるということにはならない。

　エネルギー市場は、アメリカがシェールオイル・ガスの採掘によってエネルギーをほぼ自給できるようになった 2010 年代半ば以降落ち着いていた。また、グリーンエネルギーのシェアが徐々にではあるが拡大していく中で、エネルギー市場の重要性は緩やかに低下していくと考えられていたが、再びエネルギーが国際政治と経済において非常に重要な位置を占めることになる。

　アメリカは、自国および近隣国からの供給によってエネルギーの自給体制が整う中で、すでに政治的混乱の収拾が図れないイラクから軍隊を撤退させ、ペルシャ湾におけるプレゼンスを縮小している。エネルギーの激しい争奪戦が予想される中で、イランとサウジアラビア、あるいはイスラエルとの

対立をはじめとした混乱に世界が巻き込まれる可能性がある。中東地域の地政学リスクが再び高まっていく可能性が高い。

　また、核開発を進めているとされるイランは、ウクライナとの戦争で武器・弾薬を消耗しているロシアと「反アメリカ」で一致して関係を深めており、アメリカおよび西欧諸国との緊張が高まる可能性がある。

③　中国に偏在するレアメタル

　一方、西側陣営には大きく不足する資源がある。中国はデジタル機器製造やミサイルなどの兵器製造に不可欠なレアメタルの世界最大の資源国であり、さらに一帯一路によってコンゴ共和国で産出するコバルト（世界シェア7割）についてもその約6割を中国で精錬するなど大部分の権益を有している。

　2012年に日本政府が尖閣諸島の国有化したときに、中国では反日運動が起きて日本企業や商店が標的なり、日本へのレアメタルの輸出を規制した経緯がある。米中間の貿易戦争では、これまでのところ中国からアメリカへのレアメタルの輸出規制には及んでいないが、レアメタルが経済覇権を争ううえで重要な駆け引きの材料となる可能性がある。

　日本やアメリカなどではレアメタルの代替素材開発の研究や新たな鉱山開発による供給の多様化、さらには都市鉱山と称してデジタル機器の回収・再利用によって中国への依存度を低下させるプランが進められている。また、日本のEEZにも豊富な資源量があるとされる海底熱水鉱床からの採掘についても本腰を入れ、西側陣営内での調達率を大幅に引き上げる体制整備を行う必要がある。

④　食料危機

　人間が生きていくうえでエネルギーと共に欠かせないものが水と食料である。

　2022年上半期の穀物価格の上昇は前年の北アメリカの凶作によるもので

あったが、ロシア・ウクライナ戦争は食料事情を大幅に悪化させた。ロシアとウクライナは共に世界有数の穀物輸出国であり、両国からの供給の停止・減少は世界の穀物価格の上昇を招き、アフリカの貧しい諸国では食料危機が一層深刻になっている。気候変動によって凶作になる年が増えていくことが予想されている中で、食料の安定供給は食料輸入国の最重要課題の一つになる。

　ただし、西側諸国においてもアメリカ、カナダ、フランス、オーストラリアは世界的な農産物輸出国であり、ドイツ、スペインの食料自給率（2018年、カロリーベース）も 90％を超える。相対的に国土面積の小さいイギリスやイタリアにおいても食料自給率 60％台を確保している。

　重大な問題となるのは食料を輸入に依存している国である。日本の自給率は 37％（生産額ベースでは 67％、農林水産省、2019 年度）にすぎない。穀物価格は世界の穀物需要に対する供給量で決定されるために日本が操作できる問題ではないため、供給の確保については経済的優位性を確保していくことが鍵となる。日本は食料自給率改善のための努力を継続していく必要があるが、安定的食料供給の確保は経済力の再生にかかっているといえる。

⑤　ポスト G7 の世界経済の舵取り

　第二次世界大戦後の経済は長らく西側先進 7 か国で構成する G7 が主導してきたが、中国をはじめとする新興国の発展によってかつて世界の GDP の 7 割近くを占めていた G7 のシェアは今日では 5 割を割り込んでいる。G7 が世界経済を主導することの限界から、1999 年に G8（当時メンバーになっていたロシアを含む）に中国、インド、ブラジル、メキシコ、南アフリカ、オーストラリア、韓国、インドネシア、サウジアラビア、トルコ、アルゼンチンを加えて G20 を組織した。しかしながら、G20 は国際社会全体をより良い方向に導くというよりも自国の利益追求の場となって実質的な意義は乏しかった。また、G20 にはロシアと中国が入っており、今後世界経済を一つの方向に導くための協議の場となっていくことは考え難い。

　一時期、G7 より大きく G20 より小規模でかつ民主主義と市場経済、現在の法秩序の遵守を重視するグループに再編されることが主要国間で検討されているという報道があったが、それ以前に西側諸国と中国・一帯一路および反アメリカ・西側で利害が一致する諸国に分かれて、さまざまな問題で意見と利害が対立していくことが予想される。また、グローバルサプライチェーンへはこうした状況認識に立って再構築されていくことになる。

4　リスクカルチャーの醸成

(1)　失うものがなかった日本

　日本は明治維新において、大政奉還（1867 年）から大日本帝国憲法の発布（1889 年）と翌年の第 1 回帝国議会開催に至る大胆な社会制度会改革を 30 年余りで成し遂げ、1904 年には大国ロシアを相手に陸上では互角に、日本海海戦では完全な勝利をするまで国力を引き上げることに成功した。明治維新においては西洋列強に追いつくことができると信じ込んで高揚感が全国民の意識を支配し、失敗のリスクは顧みられることなく大改革が遂行された。

　また、第二次世界大戦では日本中が焦土と化し、失うものがない中でがむしゃらに復興に努め、1950 年代半ばから 1970 年代前半にかけての高度経済成長を遂げ、1968 年には GNP が西ドイツを抜いて世界第 2 位になった。

　日本の大きな 2 つの成長期に共通することは、失うものがなく失敗した場合のことは何も考えずに全国民が一丸となって突き進んだ結果である。しかしながら、現在日本の状況は明治維新や国土が焦土になった終戦時の状況とは大きく異なる。1990 年代初頭の不動産・株バブル崩壊から 30 年にわたって経済スランプが続き、中国には追い越されて大きく水を開けられ、日本の 1 ／ 10 以下であった韓国も 1 ／ 3 にまで成長している。

　それでも日本は世界第 3 位の経済大国である。また、国内には 2,023 兆円の個人金融資産、411 兆円の対外純資産、1 兆 3,907 兆円の外貨準備高を有する金融資産大国でもある（2021 年末）。

(2)　サステイナブルな社会の構築

　リスクカルチャーの醸成の目的はサステイナブルな社会を構築することである。地球温暖化が気候変動を招き、生態系を破壊して人類の文化的社会の継続を危うくしていることに対して、世界が脱炭素社会の実現に向けてようやく足並みを揃えようとしている。地球温暖化に歯止めが掛けられれば生存

環境の崩壊は免れるはずであるが、本書でも説明したとおり、世界をサステ
イナブルな社会、あるいは日本をサステイナブルにしていくためには多くの
課題を解決していかなければならない。

　日本がまず取り組まなければならないことは経済再生であり、経済成長に
よって真の豊かさを実現し、税収を伸ばして財政状況を改善し、将来の大規
模災害や経済不況に際して大型の財政出動を行うための財政体力を回復して
いく必要がある。しかしながら、現時点ではプライマリーバランス（税収・
税外収入と国債費を除く歳出の収支）をゼロにする目標すら相次ぐ災害や新型
コロナ対応で先送りされている状況で、これまでのように災害や経済不況に
おいて行われてきた追加国債の大量発行による大きな公助は期待できない。

①　グローバル経済の要件としてのリスクカルチャー

　今後は、大規模な自然災害や景気後退、あるいはパンデミックなどのリス
クを正しく認識し、自ら備えていくという姿勢が重要になる。すなわち、リ
スクに対して敏感になり、リスクを経済価値として計量して適切なリスクマ
ネジメントを行う「リスクカルチャー」を醸成するということである。ま
た、リスクカルチャーの醸成は、日本がグローバルな経済の一員として継続
していくための重要な要素でもある。

　技術進歩とリスクの関係にはいくつかの重要なポイントがある。まず、大
量生産・大量輸送に代表されるように、技術進歩は経済の効率性の向上に大
きく寄与する。それまで困難を伴った深度の深い天然資源の掘削、高所作
業、危険物を取り扱う作業が可能になり、従業員の事故のリスクも軽減され
る。陸上・海上・航空の輸送における事故のリスクも大幅に軽減されてい
る。また、建物には耐震・免震設計が取り入れられ、耐火素材や強化ガラス
の使用によって自然災害リスクや火災リスクに対しても強度が増している。

　一方、経済成長による経済価値の上昇、規模の経済による大都市や工場地
帯への経済価値の集中、サプライチェーンの多層化と複雑化、気象災害の激
化と頻度の上昇などさまざまなリスクが増大しており、リスク量の増大分は

技術進歩によるリスクの軽減量を大きく上回っている。また、インターネットによってあらゆるものが接続されたデジタル社会ではサイバー空間のリスクが大規模自然災害や経済危機リスクに匹敵する規模に増大するなど、新しいリスクに対しても備えていかなければならない。しかしながら、リスクに対する準備は総じて不十分な状態にある。

②　プロテクションギャップ

図表 2 は、1970 年から 2020 年までの世界の自然災害について、スイス再保険会社が経済損害額（Economic losses）と保険金支払額（Insured losses）の関係を調査したグラフである。経済損害額と保険金支払額の差が、保険が付いていない金額（Uninsured losses）であり、プロテクションギャップと呼ばれる。また、折れ線グラフは 10 年平均の経済損害額（上方）と保険金支払額（下方）を示したものである。経済損害額は長らく増大傾向にあると共に、保険金支払額も上昇しているが、重要な問題はプロテクションギャップが拡大傾向にあることである。

2020 年のプロテクションギャップは世界全体で 1,130 億ドル（12 兆 4,300 億円）となっており、経済損害額の 5 割以上が保険手当てされていない。不

図表 2　世界の自然災害におけるプロテクションギャップ

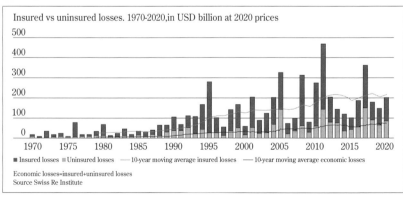

出典：スイス再保険会社 sigma No1/2021。

足分を政府が負担してくれるのであれば問題はない。しかしながら、各国の事情によって異なるが、政府の支援は止むを得ない状況下で行われるものであり、ギャップ全額を穴埋めするものではない。保険以外の金融商品によって損害額の一部を補てんしていることはあるが一般的ではなく、経済損害の半分程度は経済主体の負担となっていることがうかがわれる。

③　日本と世界のプロテクションギャップの比較

　日本のリスクに対する備えはさらに不十分である。

　図表３は、先進国における大規模自然災害による経済損害額と保険金支払額の関係を示すものである。ハリケーン・カトリーナでは経済損害の約５割、カリフォルニア州で多くの家屋を焼失した山火事（キャンプファイアー）では経済損害の３／４が保険によって支払われているのに対して、東日本大震災および熊本地震の保険金支払割は２割前後であり、アメリカやニュージーランドの例と比較して大幅に低い。

　リスクカルチャーの醸成は世界中で取り組まなければならない課題であるが、自然災害大国の日本の保険によるカバー率の低さは重大な問題であり、格段の努力をしなければならない。

図表３　先進国における大規模自然災害の経済損害と保険金支払額

（金額：百万ドル）

発生年	国　名	事 象 名	経済損害額 (a)	保険金 (b)	b／a %
2011	日本	東日本大震災	210,000	40,000	19
2005	アメリカ	ハリケーン・カトリーナ	125,000	60,500	48
2017	アメリカ	ハリケーン・ハーベイ	95,000	30,000	32
2016	日本	熊本地震	32,000	6,500	20
2011	ニュージーランド	クライストチャーチ地震	24,000	16,500	69
2018	アメリカ	キャンプファイアー（山火事）	16,500	12,500	76

出典：Munich Re NatCatSERVICE

図表4　震災前の時点における地震保険等への加入状況

企業規模[※1]	加入していた		加入していなかった	
零細企業	1,610	(34.3%)[※2]	3,082	(65.7%)
中小企業	409	(22.9%)	1,378	(77.1%)
中堅企業	48	(21.7%)	173	(78.3%)
大 企 業	15	(28.3%)	38	(71.7%)
全 体	2,082	(30.8%)	4,671	(69.2%)

※1　企業規模は従業員数に応じて分類している。零細企業は従業員数 1 ～ 20 人、中小
　　企業は 21 ～ 100 人、中堅企業は 101 ～ 300 人、大企業は 300 人以上として分類し
　　ている。

※2　かっこ内の数字は、企業規模別にみた加入・未加入の構成比を表す。

出典：東北大学経済学研究科・震災復興研究センター。

④　東日本大震災における保険の加入状況

　また、日本企業の保険付保率の低さは、東日本大震災から 1 年 4 か月後の
2012 年 7 月に被災 3 県（岩手県、宮城県、福島県）の企業 3 万社に対して東
北大学が行った地震保険付保の実態について行った調査（**図表4**）からも明
らかである。

　一般的に、企業規模が小さいほど準備金や内部留保金が少ないと考えられ
るが、経営規模が小さい中小企業や中堅企業では付保率が 20％台前半にす
ぎず、最も保険を必要とする中小企業・中堅企業のリスク認識の甘さがうか
がわれる。なお、零細企業の地震保険の付保率が他の分類より高くなってい
るが、零細企業の場合には事業所・工場と住宅を併用しているケースが多
く、家計地震保険が付保されていることによると考えられる。

⑤　企業の内部留保金

　日本企業には巨額の内部留保金があるから、プロテクションギャップの大
きさを持ってリスクに対する備えが低いというのは一面的な捉え方であると
いう指摘があるかもしれない。前述のとおり、2020 年末時点で日本の企業
には約 484 兆円の内部留保金があるとされる。

　内部留保金の目的の一つに大規模自然災害、火災・爆発などの事故、事業中断、パンデミック、経済不況などの困難な状況に対する自家保険機能が入っていることは否定しない。実際に2020年以降の新型コロナパンデミックによる利益の落込みに対して、多くの企業が内部留保金を充てている。

　しかしながら、内部留保金は本来事業の発展のための投資に振り向けられるべき資金であり、長引く日本の経済スランプと低金利によって当面の行き先を失った資金である。自家保険目的には資本金や準備金で備えるべきである。また、内部留保金の大部分は大企業によって蓄積されており、中堅・中小・零細企業における蓄積は限定的である。内部留保金は、日本経済再生のためのさまざまなプロジェクトが稼働する際には本来の目的に投資されるべき資金である。事業を取り巻くさまざまなリスクに対しては、自己資本と準備金の拡充を図り、資本力を超える部分には保険を中心にデリバティブや銀行のローン予約などによって経済的備えを拡充し、安定的な経済活動の継続を図っていく必要がある。

⑥　産業リスクの高額化

　リスクカルチャー醸成の重要性にはもう1つの理由がある。脱炭素社会の実現とデジタル社会の発展のための技術開発がグローバル経済の主導権を握ることを述べたが、開発投資額、および工場などの経済価値が巨額になっていく。思わぬ出来事が高額損害となって事業の継続に重大な影響を及ぼしかねず、リスクに対してこれまで以上に注意を払っていく必要がある。

　本書では先端技術の例として半導体、通信機器、リチウムイオン電池などの例を挙げた。また、医薬品開発についても日本が欧米先進国の後塵を拝していることを紹介した。日本がモノづくりの国として再びグローバル経済の土俵に立とうとするなら、かなり踏み込んだ投資が必要になる。

　2,023兆円の個人金融資産と企業の484兆円の内部留保金を、半導体をはじめとした最先端技術やグリーンエネルギー技術開発に振り向ける方策を講じる必要があり、税制面の優遇を含めて投資に対する一定の配当が期待でき

る仕組みを構築する必要がある。

　また、政府の支援規模についてはアメリカや中国などの支援規模を参考に
行われる必要があるが、官民による投資総額のスケールはこれまでの水準と
は桁が違ってくる。

⑦　日本の保険市場の引受能力拡充の必要性

　日本企業のリスクカルチャーのお寒い実態について説明したが、大型投資
にあたっては金融市場商品の利用によって投資リスクの一部をヘッジしてい
くと共に、高価値の工場や生産設備については保険によりリスクヘッジし、
さらに損害額の上昇傾向が著しい事業中断についてもサイバーリスクを含む
あらゆる原因を想定して有効な保険を付けておくことが重要になる。

　保険会社においてもリスクの高額化とサイバー事故などの新しい保険ニー
ズに対応するために引受能力を拡充する必要がある。保険会社の引受能力は
資本とそれを補完する準備金と再保険によって支えられており、資本増強を
行う場合には追加資本に対する配当の確保が求められ、再保険の購入にあ
たっては合理的価格で安定的にキャパシティが確保できる見通しが付けられ
ることが前提になる。日本の損害保険市場規模は経済規模に比較して小さ
く、大変革において日本の産業が再び輝きを取り戻していくために保険市場
の引受能力を大幅に拡充する必要がある。

⑧　鍵を握るリスクカルチャーの醸成

　日本の現状は、高度経済成長期の成功体験がいまだに国民の意識に錯覚と
して残り、財政面では経済成長が止まって税収が伸びない状況で社会保障費
の増大と大型の自然災害と新型コロナ関連支出が重なって悪化が続き、赤字
国債の発行で凌いできた。これまで、日本の金融市場が青天井に膨れ上がる
国債を引き受けてきたが、無理をしながらの引受けであり今後の不測の事態
に日本の金融市場が高額の追加国債の消化にどこまで応えられるかは不明で
ある。

　一方、日本の再浮上と安全保障のためには、前述の産業支援のための文教・科学振興予算の増額に加えて、日本を取り巻く地政学の現状を踏まえれば防衛予算の大幅な増額が必要であり、それらの目的支出にはあらゆる手段で財源を確保していく必要がある。

　日本経済再生のために、最先端技術やグリーンエネルギー技術開発などで、大掛かりな取組みがいくつも打ち出されることになるが、すべての取組みが目論見どおりに行くわけではない。いくつかの失敗や不測の事故や災害によって足元をすくわれることがないように準備しておく必要がある。日本の将来は、リスクに敏感になるかどうか、すなわちリスクカルチャーの醸成にかかっているといっても過言ではない。

5　自助の強化

(1)　海外依存の問題

①　太平洋戦争

　海外依存につきまとう不安は、日本が太平洋戦争を引き起こした経緯にも表れている。当時日本は石油や鉄などの重要な資源の多くをアメリカからの輸入に依存していたが、日本の国力が増強されるに従ってアジア・太平洋地区で両国の利害が対立するようになる。そこで日本は、中国大陸の鉱物資源と農畜産物、インドネシアの石油資源の日本への安定的供給体制の確立のために大東亜共栄圏の確立を掲げて軍事的進出と支配を目指すようになる。その結果、悲惨な太平洋戦争を引き起こしてしまった。

②　オイルショック

　戦後経済においても海外依存による経済的脆弱性問題は解消されることはなかった。

　日本は、石油資源を全面的に海外に依存するために1970年代の2度のオイルショックでは石油不足と価格高騰が起きた。ガソリンスタンドには給油のための長蛇の車の列ができ、街のネオンサインが消え、スーパーではトイレットペーパーの争奪戦が起こるなど大きな経済的打撃と社会の混乱を招いている。

③　食料自給率

　日本は主食のコメの自給を確保しているが、その他の穀物や肉類、魚類などの多くを輸入に依存している。

　前述のとおり、G7の中では、アメリカ、カナダ、フランスは食料自給しており、ドイツが86%、イギリスやイタリアも6割以上を自給しているのに対して、日本の食料自給率は38%（カロリーベース）にすぎない。食料自

給率の低さゆえに日本の食料品価格は世界の穀物市場の動向に大きく左右され、ロシア・ウクライナ戦争による影響も大きく受けている。また、影響は家畜の飼料価格にも及ぶ。

④ 先端産業技術・製品の海外依存

近年のデジタル社会への急速な移行によって先端半導体の需要が大幅に拡大したが、新型コロナパンデミックによってサプライチェーンが寸断されて半導体の確保に難航し、自動車やIT関連機器などの生産が需要に追いつかなくなってしまった。

また、半導体と同様に日本がかつて世界をリードした先端通信技術・機器や将来の経済的覇権争いの主戦場となると目されるグリーンエネルギー技術についても、アメリカ、中国、ドイツなどから大きく水を開けられている。

エネルギー、食料、さらに先端技術・製品は人間が社会生活を営み、経済活動を行うにあたって不可欠な要素であるが、日本はそれらのほぼすべてを海外からの輸入に依存しており、これでは国家経済が成立しない。

日本の国土に石油や天然ガスがほとんど存在しないことは事実として受け止めるしかない。また、食料自給の問題については、戦後 GHQ の主導の下で農地改革（1946年）が行われ、地主制度が解体されて農地が小作に細かく分割・譲渡されたために農業の機械化による大農地耕法が導入できない。

農地規模がネックとなって世界の農産物価格との競争ができない。儲からない農業の耕作放棄地や後継者不足問題解消のための農地の共同運用やドローン技術を使った遠隔操作と無人化による農業の立直しが進められているが、細かく分割された農地の所有権の統合が図れない中で食料自給率の大幅な向上は望めない。

一方、産業技術については、日本の取組み次第で再び世界の檜舞台でアメリカや中国、ドイツなどの技術大国と競うことは可能である。また、地政学リスク軽減のために、先端技術・機器についてはできる限り日本国内で調達できるようにし、中国への依存体制から脱却する必要がある。

(2)　保険による自助強化の必要性

①　試される日本の本気度

　これほどの社会の大変革に対応し、先んじていくためには、これまでの政策・戦略を少し強化する程度では何の変化も起きない。日本の金融資産や企業の内部留保金を先端技術開発に振り向けられるように、優遇税制の適用、会計制度の変更、研究開発および技術者の育成、リスクヘッジの体制整備など、先端技術開発と生産体制の構築のために官民が一致団結してアメリカやヨーロッパの巨大資本、中国の国家資本主義に対抗しうる環境を整備する必要がある。そうすれば、勤勉性の高い日本の労働力と日本企業の高い組織力がグローバルな経済競争において再び大きな輝きを放つチャンスが訪れる。競争の土俵から降ろされた日本が再び土俵に上がり、格上となったライバル国に打ち勝つには並大抵の努力でできることではない。日本の本気度が試されることになる。

　化石エネルギーからグリーンエネルギーへの転換は日本にとっては千載一遇のチャンスとなる。グリーンエネルギー技術と機器生産で世界に先んずることができれば、第一次世界大戦以降ずっと日本の悲願であったエネルギーの海外依存から解放されると共に、技術・機器の輸出によって巨大なビジネスチャンスが到来する。日本人の多くが「日本は技術開発競争なら負けない」と（期待を込めて）思い込んでいる。しかしながら、ビジネスの大きさゆえに、先進諸国の多くがグリーンエネルギー技術の開発に国を挙げて取り組んでおり、ドイツをはじめとしたヨーロッパ諸国ではグリーンエネルギー機器を導入するための制度環境の整備が日本より大きく進んでいる。ここでも日本はライバル国に先行を許しており、よほど本気になって取り組まないと勝ち目はない。

　また、日本は自然災害大国であり気象災害の激化の影響を最も強く受ける国の一つである。首都直下地震や南海トラフ地震が高い確率で起きることも予想されており、日本経済を再び成長軌道に戻し、グローバル経済で強い輝きを放っていくためには大規模自然災害によって足元をすくわれることが

あってはならない。同様に、デジタル社会が進行する中で日本は IT セキュリティが脆弱であることを述べたが、サイバー攻撃で長期間の事業中断を招くようなことがあってはならない。そのためのリスクマネジメントについても拡充する必要がある。

②　再保険市場・ファンド構築の必要性

　保険制度は近代経済の発展に欠くことのできない重要な役割を果たしてきている。グローバリゼーションは海上輸送技術の発達によって大きく発展したが、その裏では、船舶や積荷が失われるリスク、船員の命が奪われて家族が路頭に迷うリスクに対して保険を付けることで資本を守り、社会の安定的な発展を支えてきた。

　また、工業生産技術の発展と工場規模の拡大などにおいても、火災や自然災害などのリスクに対して保険を付けることで経営への打撃を許容範囲内に軽減し、経済発展を支えてきた。

　保険市場の背後には巨大な再保険市場があり、保険制度と保険会社の経営の安定と発展に大きく寄与してきている。イギリスには産業革命を支え、今日においても世界的再保険市場である Lloyd's 保険組合があり、ヨーロッパにはスイス再保険会社（スイス）、ミュンヘン再保険会社（ドイツ）などの巨大再保険資本がある。アメリカでは世界最大の持株会社でもあるバークシャー・ハサウェイがさらに巨大な資本によってアメリカ国内外から再保険を大きく引き受けている。

　ところが、日本にはアメリカやヨーロッパの再保険市場・資本と比肩できるような再保険市場・資本が存在しない。現在そのほとんどを国際再保険市場から購入している再保険の５割程度を引き受けられる大きな再保険市場・資本、あるいは同様の機能を有するファンドを日本に構築すべきである。

③　経済損害の５割を保険で賄う社会

日本は自然災害の発生率が高い国であるにもかかわらず日本人と日本企業

　はリスクに対する認識が相対的に低いことを述べた。もう少し正確にいうと、日本人は生命保険への加入率は高いが損害保険の利用度はアメリカやヨーロッパの先進国に比べて低い。前掲図表３およびその他の保険データから、アメリカでは大規模災害による経済損害に対して保険で３〜５割程度が支払われているが、日本の東日本大震災や熊本地震では約２割が保険で支払われているにすぎない。

　近年の気象災害において経済損害に対する保険金支払額の割合が５割程度になっている例があるが、災害規模が小さく特殊要因によるものと考えられ、伊勢湾台風クラスの台風や大都市圏が広く浸水する事態が発生した場合の経済損害に対する保険金の割合は、東日本大震災の例と大きく変わらないものと予想される。

　経済規模に比較して損害保険の付保率が低いということであるが、高額化するさまざまなリスク、あるいはサイバーリスクのように社会の変化によって出現・重大化するリスクについて、保険と金融商品によるリスクヘッジ率を高めて資本を守っていく必要がある。国内に欧米市場にあるような大きな再保険資本、あるいはファンドを構築して保険会社の引受能力を安定的に補完・拡大し、大規模な自然災害が発生した場合の経済損害に対する保険回収の割合をアメリカと同水準の５割程度に引き上げていく必要がある。

　行政と保険市場の重要な役割は、大規模自然災害や経済危機、パンデミック、地政学上の問題によるサプライチェーンの寸断などに対して経済活動が低下して経済力を弱めることがないように指導・支援していくことである。そのためには、企業や家計に対する保険加入率の向上を図り、本書で紹介したリスクをはじめとしたさまざまなリスクに対してリスク移転の仕組みを開発し、保険市場の引受能力を高めていく必要がある。

　また、政府は、将来の大規模自然災害や経済危機、長期にわたる事業中断などによる損害に対して、財政基金を設けることや交付国債の目的追加などを含めて会計の仕組みを変更してファンドを積み上げていく手法について早急に検討・実施する必要がある。そうすれば大規模事象の発生時の追加国債

発行を軽減することが可能になる。検討にあたっては、現行の法規制にとらわれることなく、目的に即した思い切ったイノベイティブな制度の構築が必要である。

　産業や社会構造はアナログからデジタルに変わるように一変する。地政学に基づく経済圏の再編成によってサプライチェーンも根本的に見直し、再構築せざるを得ない。大変革はこれまで水面下に潜行してきた日本経済の浮上の絶好の機会でもあり、社会の変化を的確に予測して大胆なアクションを起こさなければならない。

　そのためにも日本人のリスク意識を醸成し、大規模な災害や事故によって資本を大きく棄損する事態や、サイバー攻撃、パンデミック、経済危機、あるいは何らかの事情による事業中断によって足元をすくわれないようにすることが重要である。グローバル経済の中で日本の位置を確固たるものにし、レジリエントでサステイナブルな日本社会を実現していくために日本の本気度が試される。

おわりに

　ベルリンの壁崩壊後の世界は民主主義と市場経済に収れんされる、という
フランシス・フクヤマの『歴史の終わり』の予言を前提にグローバリゼー
ションが推し進められたが、世界はそのようにはならなかった。

　一方、フクヤマの師に当たるサミュエル・ハンチントンは、1996年に発
表した『文明の衝突』（サミュエル＝ハンチントン著・鈴木主税訳『文明の衝
突』（集英社、1998年）、英文原本は1996年に出版）で「冷戦後の世界は文明と
文明の衝突が主要な対立軸となる」とし、文明と文明が接する断層線（フォ
ルト・ライン）で紛争が激化しやすいと指摘している。ハンチントンは、ロ
シアを中心とした東方正教会文明についてイスラム文明と同様に多くのペー
ジを割いているが、ロシアのウクライナ侵攻は、東方正教会文明と西欧文明
のフォルト・ラインにおける2つの文明の衝突として捉えることができる。

　ハンチントンは、日本文明について、2世紀から5世紀に中華文明から独
立して一国のみで成立する孤立文明としている。日本海と東シナ海は、東方
正教文明のロシア、経済成長と軍備の拡大を進める中華文明盟主の中国と接
するフォルト・ラインとなっている。日本は中国との歴史的関係性が深い
が、現在は民主主義と市場経済の価値観を共有する西欧文明との密接な関係
を構築しており、紛争の火種を抱える。

　現在の世界では地政学と経済は表裏一体であることを述べたが、アメリカ
一国によるG1時代が終わり、中国が対抗勢力となったG2になると両国を
中心とした陣営の総合力競争になる。現在の経済戦争は大国間の大規模核戦
争の代替戦争の様相を呈しており、経済的利益の最大化のために容赦なく相
手経済を攻撃して絶対的優位性を確立することを目的としている。また、経
済力とデジタル社会の先端技術開発が安全保障に影響を及ぼし、民主主義の
基本理念が脅かされる中で、経済ルールや基本的理念を共有できない国との
サプライチェーンは大幅に見直さざるを得ない。

　全人類共通の課題である気候変動への対応についても、グリーンエネル

ギー技術の開発競争は巨大な経済的利益の獲得競争であり、対立する陣営間の経済覇権を賭けた競争となる。日本は西側陣営の重要な一員であるが西欧文明と同一ではなく、陣営から見放されないように大変革の中で存在感を発揮していかなければならない。

　社会の大変革は日本経済を再浮上させる絶好の機会となるが、巨額の投資が必要になる。農業と絹織物以外に産業がなかった明治維新や国土が焦土と化した戦後日本の復興とは異なり、直面している大変革では今あるものを守りながら日本経済を再浮上させ、安定航行していく必要がある。

　一方、日本の工業技術の先進性はすでに多くの分野で失われており、政府財政にも余裕がなくなっている。想定外の出来事で足元をすくわれないようにリスクカルチャーを醸成し、日本固有の地震・津波、増大する気象災害、サイバーリスク、不測の事故、事業中断リスクなどに適切に対処していかなければならない。日本経済の再浮上のためには日本が本気になることが鍵になるが、保険の利用拡大など周到なリスクマネジメントが重要になる。

　本書の企画については、保険毎日新聞社の森川正晴社長、大塚静男常務、後藤宏二部長とお話しさせていただき、編集は初めて井口成美氏に担当していただいた。保険毎日新聞社からの出版は本書で 5 冊目となるが、井口氏には細部に至る編集とアドバイスによって大いに助けられた。心よりお礼を申し上げたい。本書の次にもう一冊、再保険について出版を予定しているが、力強いパートナーを得られたものと喜んでいる。

　リスクや保険を扱った本の読者層は保険関係者が中心となり、保険以外の職業の従事者や学生の関心を引くことは少ない。本書で使用したさまざまな資料整理と文書の校正作業に筆者の会社にしばらくインターンとして従事した一橋大学大学院生の遠藤古都さんが手伝ってくれた。作業を通して、若い彼女に筆者の問題意識を知ってもらえたことは幸いであった。

2022 年 9 月 30 日

石井　　隆

著者紹介

石井　隆（いしい　たかし）

1981 年 4 月　東亜火災海上保険㈱、現在のトーア再保険㈱入社

2000 年 1 月　Danish Re、現在の Markel International 入社

2001 年 5 月　Gen Re（Berkshire Hathaway Group）入社、日本支配人就任

2016 年 9 月　Gen Re 日本の損害再保険担当役員就任

2017 年 4 月　ジェンリー・ジャパン・サービス㈱設立に伴い代表取締役社長を兼務

2021 年 6 月　㈱保険研究所 代表取締役社長就任

著　　書

　　『グローバル経済下のサプライチェーンとリスク』（保険毎日新聞社、2019 年）、『リスクの本質と日本人の意識』（保険毎日新聞社、2015 年）、『銀行窓口の法務対策4500 講』（共著）（金融財政事情研究会、2013 年）、『最後のリスク引受人 2 日本経済安全保障の切り札——巨大自然災害と再保険』（保険毎日新聞社、2013 年）、『最後のリスク引受人——知られざる再保険』（保険毎日新聞社、2011 年）

雑誌・新聞

　　「保険往来随聞記」週刊インシュアランス 2022 年 9 月〜 12 月、「ポスト金融危機の再保険——問い直される再保険キャパシティーの意味と資本」保険毎日新聞 2010年 1 月〜 3 月、「経済メカニズムの変化と再保険——世界の経済地図と金融、資本市場が大きく変化する中での再保険」保険毎日新聞 2008 年 6 月〜 7 月

セミナー・テレビ出演

　　日本保険学会平成 30 年度全国大会基調講演「大規模自然災害と再保険」（2018 年10 月 28 日）、東アジア太平洋保険フォーラム 2018（台北市）「リスク社会の戦略——グローバルな気候変動と地震活動の活発化に対して、保険業者はどう対処すべきか」（2018 年 8 月 29 日）、日本価値創造 ERM 学会研究会「世界の再保険市場の動向と日本の現状」（2014 年 6 月 20 日）、KHB 東日本放送東北ビジネス最前線「『想定外』とは言わせない！企業のリスク管理を考える」（2014 年 2 月 1 日放映）、日本銀行金融高度化セミナー「東日本大震災を踏まえた今後の業務継続体制」（2012 年3 月 1 日）

大変革社会とリスク
　　——試される日本の本気度と保険による自助

著　　　者　　石　井　　　隆
発　行　日　　2022年12月28日

発　行　所　　株式会社保険毎日新聞社
　　　　　　　〒110‐0016　東京都台東区台東4‐14‐8
　　　　　　　シモジンパークビル2F
　　　　　　　TEL 03‐5816‐2861／FAX 03‐5816‐2863
　　　　　　　URL http://www.homai.co.jp/

発　行　人　　森　川　正　晴
カバーデザイン　塚　原　善　亮
印刷・製本　　モリモト印刷株式会社

©2022　TAKASHI Ishii　Printed in Japan
　　　　ISBN978‐4‐89293‐458‐2

本書の内容を無断で転記、転載することを禁じます。
乱丁・落丁本はお取り替えいたします。